मुरलीधर बंसीलाल शहा

मुरलीधर बंसीलाल शहा का जन्म 31 अक्टूबर, 1937 को महाराष्ट्र में हुआ। उन्होंने एम.ए., पी-एच.डी. की शिक्षा हासिल की। एस. एस. वी. पी. आर्ट्स एवं कॉमर्स कॉलेज, धुलिया (महाराष्ट्र) के स्नातकोत्तर केन्द्र में हिन्दी विभाग के अध्यक्ष रहे।

उनकी प्रकाशित पुस्तकें हैं—'हिन्दी निबन्धों का शैलीगत अध्ययन', 'समय सुन्दर कृत मृगावती चऊपई', 'सन्त योद्धा सेनापती बापट', 'विचार तीर्थ', 'राष्ट्रीय एकात्मता का भव्य स्वप्न', 'तुलसीदास के अज्ञात शिष्य', 'अनुवाद विज्ञान'।

हिन्दू समाज संगठन और विघटन, मातृधर्मी साने गुरुजी, अद्वितीय राजा शिवाजी, रसिदी टिकट, खानदेशचे गांधी : बालुभाई मेहता आदि पुस्तकों के अनुवाद किये।

'बालकवी आणि मी', 'संवाद रूप शामची आई' का सम्पादन किया।

हिन्दी और मराठी में समान रूप से लेखन तथा अनुवाद। कई सम्मान व पुरस्कारों से सम्मानित।

9 अक्टूबर, 2017 को उनका निधन हुआ।

भारतीय समाज क्रान्ति के जनक

महात्मा जोतिबा फुले

डॉ. मुरलीधर बंसीलाल शहा

राधाकृष्ण पेपरबैक्स

पहला पुस्तकालय संस्करण
राधाकृष्ण प्रकाशन प्राइवेट लिमिटेड द्वारा
1992 में प्रकाशित

राधाकृष्ण पेपरबैक्स में
पहला संस्करण : 1998
सातवाँ संस्करण : 2025

राधाकृष्ण पेपरबैक्स : उत्कृष्ट साहित्य के जनसुलभ संस्करण

राधाकृष्ण प्रकाशन प्रा. लि.
जी-17, जगतपुरी
दिल्ली-110 051
द्वारा प्रकाशित

शाखाएँ : अशोक राजपथ, साइंस कॉलेज के सामने, पटना-800 006
पहली मंजिल, दरबारी बिल्डिंग, महात्मा गांधी मार्ग, प्रयागराज-211 001
1, अनमोल सोराबजी सन्तुक लेन, धोबी तलाव, मरीन लाइंस, मुम्बई-400 002
वेबसाइट : www.radhakrishnaprakashan.com
ई-मेल : info@radhakrishnaprakashan.com

विकास कंप्यूटर एंड प्रिंटर्स
ट्रॉनिका सिटी-201 102
द्वारा मुद्रित

मूल्य : ₹199

BHARTIYA SAMAJ KRANTI KE JANAK
MAHATMA JOTIBA PHULE
Biography by Dr. M.B. Shaha

ISBN : 978-81-7119-726-2

अभय साधक

श्रद्धेय बाबा आमटे

और

सौ. साधना ताई को

सादर सविनय अर्पण

क्रम

कृतज्ञता

महात्मा जोतिबा फुले को सारा महाराष्ट्र आदर, श्रद्धा, सम्मान और स्नेह से 'जोतिबा' कहता है।

कोल्हापुर के पास एक पहाड़ी पर महाराष्ट्र के बहुजन समाज के देवता जोतिबा का मन्दिर है। जोतबा या 'जोतिबा' के नाम से विख्यात इस देवता के नाम में मुख्य अंश है—'जोत'। मराठाओं के कई घरानों में 'जोत' कुल देवता है।

महात्मा फुले का जन्म जिस दिन हुआ, उस दिन 'जोतबा' देवता का उत्सव था, इसलिए उनका नाम रखा गया—'जोतिबा'। इस पुस्तक में सर्वत्र इसी नाम का प्रयोग किया गया है।

मैं डॉ. चन्द्रकान्त बान्दिवडेकर जी का हृदय से आभारी हूँ। उनके कारण महाराष्ट्र के इस महापुरुष का परिचय हिन्दी भाषी क्षेत्र में पहुँचाना मेरे लिए सम्भव हो सका। हिन्दी में महात्मा जोतिबा फुले पर पुणे के श्री मुरलीधर जगताप की एक पुस्तक के अलावा अन्य कोई ग्रन्थ नहीं। प्रस्तुत पुस्तक को इस अभाव की पूर्ति का प्रयास मात्र मानना चाहिए।

मैं महाराष्ट्र राज्य हिन्दी साहित्य अकादमी, बम्बई के प्रति भी कृतज्ञ हूँ। इस ग्रन्थ को प्रकाशित करने के लिए अकादमी ने उदारतापूर्वक सहयोग दिया है।

ग्रन्थ की पांडुलिपि तैयार करने में कु. ऋचा शहा और प्रा. चन्द्रमा राजपूत ने काफी मदद की। प्रा. गं. वा. सरदार और श्री धनंजय के ग्रन्थों की सहायता के बिना इस पुस्तक का पूरा होना सम्भव ही नहीं था। उनके प्रति अपार कृतज्ञता।

—मुरलीधर बंसीलाल शहा

उन्नीसवीं सदी का महाराष्ट्र

छोटे-छोटे गाँवों में बसा भारत ब्रिटिशों के आने के पूर्व कई अर्थों में आबाद था। आक्रामक आए, गए, लड़ाइयाँ होती रहीं, तख़्त और ताज बदलते रहे। लेकिन गाँव नहीं बदले। वे अपने अर्थतंत्र में स्वयं निर्भर थे। जरूरतों की लगभग सारी चीजें खुद ही पैदा कर लेते, और मेहनत मजदूरी में व्यस्त रहते। गाँव की सामाजिक व्यवस्था पर धर्म का इतना जबरदस्त प्रभाव था कि उसकी सीमा लाँघकर आगे बढ़ने की बात कोई सोच भी नहीं सकता था।

सामन्तवादी व्यवस्था के कारण राजा सर्वेसर्वा जरूर थे, लेकिन गाँवों की भूमि पर उनका कोई अधिकार नहीं था। हाँ, कुल पैदावार का कुछ हिस्सा उन्हें कर के रूप में जरूर दिया जाता। भूमि पर अधिकार गाँव का होता। राजा को उसका कर भार देने के बाद शेष सारी उपज गाँव के ही काम में लाई जाती।

"गाँवों में किसानों के अतिरिक्त बढ़ई, लुहार, कुम्हार, जुलाहा, मोची, धोबी, तेली, हज्जाम जैसे मजदूर किस्म के लोग भी रहते थे। लेकिन ये भी गाँव की ही जरूरतों को पूरा करने के लिए खटते थे। ग्राम समुदाय में "कमकरों का भी वर्ग होता था, जो हलखोर का काम करते थे और अछूत समझे जाते थे। इनमें अधिकांश देश के उन आदिम निवासियों के वंशज थे, जिनको समूल विनष्ट करने के बदले, प्राचीन काल के हिन्दू समाज ने आत्मसात कर लिया था।"[1] लोगों के व्यवसाय जातियों के आधार पर तय होते थे और वे वंश पम्परागत निर्बाध रूप में चलते थे। व्यक्ति का कोई महत्त्व नहीं था। परिवार या समुदाय ही सब कुछ होते थे। बाहरी दुनिया से इन समुदायों का लेन-देन या विनिमय नाममात्र का होता था। आवागमन के साधन बहुत ही कम थे।

"सदियों तक गाँवों की सामाजिक और बौद्धिक स्थिति अनुर्वर, अन्धविश्वासपूर्ण, संकुचित और रूढ़ बनी रही। ये गाँव आर्थिक प्रवाहहीनता, सामाजिक प्रतिक्रियावाद और सांस्कृतिक अन्धेपन के अलग-अलग दुर्ग थे; लगभग सारा भारतीय समाज इन्हीं स्वायत्तशासी, स्वपर्याप्त, स्वसृत गाँवों में केन्द्रीभूत था; और यह मानव समाज एक ही प्रकार के अन्धविश्वासों, प्राचीन देव-देवियों, संकुचित ग्रामीण एवं जातीय चेतना और एक स्थायी दृष्टिबोध के शिकंजे में युगों तक पड़ा रहा।"[2]

ब्रिटिश पूर्व महाराष्ट्र की स्थिति इससे अलग नहीं थी। गाँवों की ऐसी दशा क्यों थी, इसके लिए 'सत्ता चरित्र' की परख करनी चाहिए। मध्यकालीन भारत का कुलीन वर्ग कृषक वर्ग से लिये गए अधिशेष श्रम पर पनपता रहा है। सत्ता में सदा यही वर्ग रहा। उसके खानपान के तौर-तरीके भले ही एक-दूसरे से सर्वथा भिन्न रहे हों, लेकिन इस वर्ग में आनेवाले सभी श्रम करनेवाले वर्ग के शोषण पर जीने की प्रवृत्ति के आदी थे। महाराष्ट्र में मराठा साम्राज्य का मुख्य आधार वतनदारी थी और प्रमुख वतनदारों में सदा ही दो जातियों का प्राबल्य रहा—ब्राह्मणों का तथा ऊँची जाति के मराठों का। शिवाजी के समय में उच्च कुलीन मराठा वर्ग का सत्ता पर दबाव था, लेकिन पेशवाओं का शासन काल आते-आते ब्राह्मण वतनदार इतने ताकतवर हो उठे कि मराठा राज 'ब्राह्मण राज' के नाम से जाना जाने लगा। यह वर्ग गलत या सही तरीके से जर और जमीन लूटने में महारत हासिल कर चुका था। मुगल इतिहासकार आजाद बिलग्रामी के अनुसार—

> आम तौर पर मराठों और खास तौर पर दक्षिण के ब्राह्मणों की यह विचित्र इच्छा रही है कि सब लोगों की रोजी-रोटी के साधन छीनकर उन्हें खुद हथियाकर अपने काम में लाया जाए। वे राजाओं की जमींदारी तो नहीं ही छोड़ते पर गाँवों के मुखिया और लेखपालों जैसे छोटे लोगों की जमींदारी भी नहीं बख्शते। प्राचीन वंशों के उत्तराधिकारियों को उखाड़ कर वे अपना कब्जा कर लेते हैं और यह इच्छा रखते हैं कि कोंकण के ब्राह्मणों को सारी दुनिया का मालिक बन जाना चाहिए।[3]

वे सारी दुनिया के मालिक तो नहीं बन सके, क्योंकि अंग्रेजों ने 1818 में पेशवाओं के अधिकारों की समाप्ति कर दी और 1854 तक बचे-खुचे सारे छोटे-बड़े सरदारों

ने अंग्रेजों के सामने सर झुका दिया। लेकिन धर्म के क्षेत्र में उन्हें जगह मिल गई और वे सचमुच यहाँ के जीवन के मालिक बन बैठे। दूसरा बाजीराव विलासी था। उसके दुराचार की कहानियाँ किसी भी मुगल अत्याचारी बादशाह से कम नहीं थीं। स्त्रियों के बेलगाम व्यवहार को पेशवा की ही शह होती थी। यह माना जाता था कि किसी भी सरदार-उमराव की सुन्दर बहू-बेटियों की उसके जमाने में खैर नहीं थी। बदचलन औरतों की खूब चलती थी और भले घर की स्त्रियों की मौत थी। 'यथा राजा तथा प्रजा' के अनुसार सर्वसामान्य नागरिक जीवन में भी एक प्रकार की स्त्रैणता थी। शराबखानों पर, कोठों पर, जुआघरों में लोगों की भीड़ जुटी रहती थी। न्याय था नहीं। दाम, दंड और भेद जीवन के नियामक तत्त्व बन गए थे। डाकुओं की लूटपाट के कारण असुरक्षित जनता 'त्राहिमाम्' पुकार रही थी। राजा के प्रतिनिधि के रूप में काम करनेवाले देशमुख, देशपांडे, पाटिल, कुलकर्णी राजा जितने ही स्वतंत्र थे। पाटिल गाँव का सर्वेसर्वा था और देशमुख देश का। राजसत्ताओं में होनेवाला परिवर्तन इन पाटिल, देशमुख या वतनदारों को कतई प्रभावित नहीं करता था। राजा बदल जाते लेकिन ये अपने स्थान पर जमे ही रहते। उनके अधिकार और आमदनी दोनों अबाधित रहती। समय आने पर अपने स्वार्थ के लिए ये किसी से भी सुलह कर लेते थे।

सामाजिक जीवन पर जैसे इनका अविच्छिन्न अधिकार था, उसी तरह धर्म गुरुओं का भी था। उनके द्वारा स्थापित मान्यताएँ और नियम लगभग अपरिवर्तनीय थे। धर्म की मान्यता लेकर यहाँ स्थित जाति-संस्था ने राजसत्ता से अधिक व्यापक क्षेत्र घेर रखा था। जाति-जातियों के अपने अलग-अलग नियम थे और उनका पालन कड़ाई के साथ किया जाता था। जाति-बहिष्कृत होना, सबसे बड़ी सजा थी। लोग मृत्यु से उतना नहीं डरते थे, जितना जाति-बहिष्कृत होने से।

जाति-व्यवस्था को धर्म का संरक्षण था। इसलिए एक ओर स्वधर्मनिष्ठा बढ़ती गई तो दूसरी ओर समाजनिष्ठा कम होती गई। लोगों की दृष्टि में अपना कुल, और अपनी जाति-पाँति वही सब कुछ थे। धर्मनिष्ठा में भी अन्धविश्वास और अज्ञान का अंश अधिक था। रूढ़ियाँ बलवती थीं। कर्मकांड, मंत्रतंत्र, शकुन-अपशकुन, जारण-मारण इत्यादि का बाजार गर्म था।

जाति-उपजातियों ने समाज को विच्छिन्न कर देने में सफलता पाई थी। दूसरे बाजीराव के समय की स्थिति इस दृष्टि से विलक्षण थी। बाबाजी पेशवा शाहू

के वंशजों का क्षत्रियत्व नकार दिया। जब राजा ही जाति का हथियार काम में ला रहा है तो और लोग क्यों रुकेंगे? नारायणराव पेशवा के समय परभू जाति के नेताओं को शनवार वाडे पर बुलाकर खूब पीटा गया और उन्हें अपना क्षत्रियत्व छोड़ देने के लिए मजबूर किया गया। उनके अभिवादन करने की, धोती पहनने की पद्धति बदली गई, संस्कार प्रसंगों में उच्चरित मंत्र भी बदले गए! अन्तिम पेशवा ने सोनार जाति का ब्राह्मणत्व नकारने का काम किया। देशस्थ ब्राह्मणों ने चित्तपावन ब्राह्मणों को कभी भी अपने बराबरी का दर्जा नहीं दिया। सरदार पुरन्द के देशस्थ ब्राह्मण थे। उनके घर में स्वयं पेशवाओं के लिए भोजन की अलग पंक्ति होती थी! दूसरे बाजीराव को नासिक के ब्राह्मण घाट पर स्नान के लिए मनाही की गई।

जाति-जातियों के ऐसे अन्धाभिमान ने सारे समाज को टुकड़ों-टुकड़ों में बाँट दिया था। इसका परिणाम यह हुआ कि समता, मानवता और ज्ञान इन तीनों बातों से समाज दूर रहा। विद्या, कला और व्यापार ये तीनों क्षेत्र उत्तर पेशवाई के काल में लगभग रीते थे। भौगोलिक दृष्टि से भी मराठों ने अपने राज्य का विस्तार करने की ओर ध्यान नहीं दिया। ईस्ट इंडिया कम्पनी के कारण बम्बई का विकास तेजी से हो रहा था। पूना में बैठे धर्ममार्तंड तथा उनके अनुयायी सत्ताधीश इस विकास से पूर्णत: बेखबर थे। 1813 में बम्बई की जनसंख्या एक लाख अस्सी हजार थी जो 1836 में दो लाख छत्तीस हजार के करीब पहुँच गई थी। दूसरी ओर 1822 में पूना की जनसंख्या 81402 थी, जो 1851 तक लगातार घटती ही चली गई। 1872 में फिर उसका बढ़ना शुरू हुआ।

ज्ञानोदय का युग

1827 तक अंग्रेजों का सारे भारत पर अधिकार हो चुका था, अपवाद था केवल पंजाब। 16 मार्च, 1828 से भारत में एक नये युग का प्रारम्भ हुआ। हम इसे ज्ञानोदय का युग कह सकते हैं। लॉर्ड विलियम बेंटिंग इस युग का प्रवर्तक माना जाएगा। बजाय राज्य विस्तार के उसने जनोपयोगी कार्यों की ओर अधिक ध्यान दिया। 19वीं सदी के प्रथम चरण में यूरोप में फ्रांस की राज्यक्रान्ति हो चुकी थी। सारे यूरोप में

इस क्रान्ति के कारण विचारों का नया दौर शुरू हुआ। समता, स्वतंत्रता और बन्धुत्व के तत्त्वों ने लोकतंत्र में सर्वोच्च स्थान प्राप्त किया। इन तत्त्वों के कारण धार्मिक, सामाजिक तथा राजनैतिक जीवन को एक अलग दिशा मिली। इंग्लैंड में एडमंड बर्ग, एडम स्मिथ, जॉन स्टुअर्ड मिल जैसे कई विचारक पैदा हुए जिन्होंने अपने विचारों से समाज में जागृति पैदा की। ऐहिक सुख, आर्थिक विकास, उपयुक्तता, बुद्धि प्रामाण्य इत्यादि मूल्यों का प्रभाव बढ़ा। धर्माभिमान जितना महत्त्वपूर्ण है, उतना ही देशाभिमान महत्त्वपूर्ण है, और देश के माने अपने आसपास का घेरा नहीं, देश का तात्पर्य आसेतु हिमाचल फैली हुई जनता, इसका भान धीरे-धीरे जागने लगा। एक श्रद्धा-युग की समाप्ति हो रही थी और उसके स्थान पर नये ज्ञानयुग का प्रारम्भ हो रहा था।

1760 से 1850 के मध्य इंग्लैंड में औद्योगिक क्रान्ति हुई। कल-कारखाने बढ़े। उत्पादन प्रक्रिया में यंत्रों का उपयोग बढ़ा। महाराष्ट्र के खानदेश, वरहाड़ से इंग्लैंड के लंकाशायर में कपास जाने लगा। उससे बने हुए कपड़े ने पूरे भारतीय मार्केट पर कब्जा कर लिया। हस्तोद्योग तो पहले ही प्रभावित हो चुके थे। सारा बाजार विदेशी वस्तुओं से अँटा पड़ा था।

लार्ड डलहौज़ी के कारण सामाजिक सेवा में बहुत सुधार हुए। यातायात के साधन बढ़े। डाक-तार विभाग की पुनर्रचना हुई। रेलवे मार्ग बने। बैंक खुले। विदेशों से व्यापार शुरू हुआ। पानी पर चलनेवाले जहाजों की संख्या बढ़ी। यातायात के साधन जैसे-जैसे बढ़ते गए वैसे-वैसे विविध स्तरों पर लोगों का आपसी सम्पर्क भी बढ़ता गया। विचारों के आदान-प्रदान को भी गति मिली। लेकिन डलहौज़ी ने यहाँ के कई संस्थान खारिज कर डाले। उसकी तीव्र प्रतिक्रिया हुई।

किसानों की दुर्दशा

व्यापार-उद्योग भले ही बढ़े हों, लेकिन महाराष्ट्र में खेती की हालत खस्ता थी। अधिकांश खेती मौसम पर निर्भर रहती थी। भूमिकर वसूल करने के बारे में अंग्रेज सरकार बहुत चुस्त रही। फसल अच्छी हो या बुरी, भूमि-कर निर्धारित समय पर देना ही पड़ता था। कई बार मजबूर होकर किसानों को साहूकारों से पैसे उधार लेने

पड़ते। उधारी के पैसों पर ब्याज का बोझ बढ़ता ही जाता। उसे चुकाने के लिए फिर कर्जा! इस दुष्ट चक्र में किसान का पीसा जाना निश्चित था।

अकाल और बलवे

अकाल पड़ना आम बात थी। 19वीं सदी के उत्तरार्ध में महाराष्ट्र में बार-बार अकाल पड़े। इन अकालों ने किसानों की रीढ़ की हड्डी तोड़ दी। लगान देने की उसकी औकात ही नहीं रही। सरकारी अधिकारियों को उनकी स्थितियों से कोई लेना-देना नहीं था। वे लगान वसूली के लिए जोर-जबरदस्ती करने लगे। परिणामतः किसानों में असन्तोष की आग भड़की। 1873 में इन्दापुर सम्भाग के जमींदार गोपाल नरसिंग देशमुख ने ढाई हजार किसानों के हस्ताक्षरों सहित एक अर्जी बम्बई सरकार को भेजी, जिसमें किसानों की दुर्दशा का विवरण था। पूना की "सार्वजनिक सभा" ने भी सरकार का ध्यान इस समस्या की ओर खींचा, लेकिन अधिकारियों के कानों पर जूँ तक न रेंगी।

1879-80 में बम्बई इलाके में तथा हैदराबाद संस्थान में, 1899-1900 में बम्बई, मध्य प्रान्त और बर्हाड़ में, 1892-93 में सोलापूर जिले में अकाल का तांडव रहा। 1876-77 के अकाल में पूना, नगर, सोलापूर में हजारों लोगों की तथा जानवरों की मृत्यु हुई थी।

इसके ठीक एक साल पहले 1875 में नगर, शोलापूर, पूना के किसानों ने सेठों-साहूकारों के खिलाफ बगावत की। उनके घरों पर हमला कर हिसाब-किताब के सारे कागजात जला डाले। उन्हें मारा-पीटा भी। पूना-सोलापूर के आसपास इन दंगा-फसादों का प्रमाण अधिक था।

किसानों के असन्तोष का परिणाम काफी व्यापक रहा। महाराष्ट्र के विभिन्न स्थानों से अंग्रेज सरकार के ख़िलाफ़ बगावत शुरू हो गई। खान देश के भील, मध्यप्रदेश के गोंड, वैसे भी स्वतंत्र ही थे। आसानी से किसी की हुकूमत मानना उनके खून में नहीं था। 1817-18 में नागपुर के अण्णासाहब भोसला ने गोंड आदिवासियों की सहायता से अंग्रेजों से लोहा लिया। खान देश के भीलों को रोकने के लिए कर्नल ब्रिग्ज को वर्षों तक खान देश में ही रहना पड़ा। 1828-1839, और 1844-48

में कोली लोगों ने बगावत की। कोल्हापुर संस्थान में बार-बार बलवे हुए। 1826 से पूना जिले के रामोत्रियों ने अंग्रेजों के साथ संघर्ष शुरू किया।

इन बातों का परिणाम 1857 के गदर में हुआ। उत्तर भारत की भूमि पर हुआ यह पहला स्वतंत्रता संग्राम था। नाना साहब पेशवा, राव साहब पेशवा, रानी लक्ष्मीबाई, सेनापति तात्या टोपे इत्यादि ने तन-तोड़ कोशिश की, लेकिन उन्हें सफलता मिल न सकी।

अंग्रेजों ने सारे बलवे, सारे आन्दोलन, सारी बगावतें अपनी ताकत के बल पर दबा दीं। आगे चलकर 1879 में एक कोशिश वीर वासुदेव बलवन्त फड़के ने की, लेकिन वे भी पकड़े गए। 7 नवम्बर, 1879 को उन्हें काले पानी की सज़ा दी गई।

आधुनिक शिक्षा का विकास

ब्रिटेन की गोरी सरकार को इसका श्रेय देना होगा कि उसके कारण भारत में आधुनिक शिक्षा का प्रसार हुआ। मल हेतु भले ही ईसाई धर्म का प्रचार रहा हो, लेकिन ईसाई मिशनरियों ने शिक्षा के प्रसार-प्रचार में काफी सहयोग दिया। 19वीं सदी के मध्य में आधुनिक शिक्षा का प्रसार बड़े पैमाने पर शुरू हुआ।

"राजनीतिक-प्रशासनिक और आर्थिक आवश्यकताओं ने खास तौर पर ब्रिटिश सरकार को इसके लिए प्रेरित किया कि वह भारत में स्कूल और कालेज खोले, जहाँ आधुनिक शिक्षा दी जा सके; क्योंकि ऐसी शिक्षा ही किसी आधुनिक राष्ट्र की आवश्यकताओं को पूरा कर सकती थी। इन शैक्षणिक संस्थाओं ने सरकारी और व्यावसायिक कार्यालयों को किरानी दिए, नई विधि व्यवस्था में पारंगत वकील दिए आधुनिक विज्ञान में प्रशिक्षित डॉक्टर दिए, टेक्नीशियन दिए, शिक्षक दिए।"[4]

इस शिक्षा के कारण भारत में मध्य वर्ग का उदय हुआ। यह तो स्पष्ट ही था कि इस आधुनिक शिक्षा का लाभ सबसे पहले ब्राह्मणों को ही हुआ।

1815 में मिशनरियों ने बम्बई में अनाथ बच्चों के लिए एक स्कूल शुरू किया। भारतीयों ने भी पहल की। जमशेर जी जिजी भाई तथा जगन्नाथ शंकर शेर ने अन्य कई मित्रों की सहायता से 'हैंदशाला और शाला पुस्तक मंडली' की स्थापना की। 1840 में एक बोर्ड ऑफ एज्युकेशन स्थापित हुआ। 1848 में दादा भाई नौरोजी ने

'स्टुडेंट्स लिटररी एंड साइंटिफिक सोसायटी' की स्थापना कर आठ कन्याशालाएँ शुरू कीं। इसके पहले 1824 में बम्बई में मिशनरियों ने लड़कियों के लिए एक स्कूल शुरू किया था।[5] 1857 में बम्बई विश्वविद्यालय की स्थापना हुई। स्कूलों और कालेजों का जाल सारे देश में धीरे-धीरे फैल ही रहा था। इस नई शिक्षा-प्रणाली को भारतीयों से भी काफी प्रोत्साहन मिला। राजा राममोहन राय ने मुक्त कंठ से अंग्रेजी शिक्षा की प्रशंसा की। महाराष्ट्र की पहली दो पीढ़ियाँ—जिसने अंग्रेजी शिक्षा प्राप्त की थी—पूरी तरह अंग्रेजों की कायल थीं। 18वीं सदी के अन्त में श्री गोपाल गणेश आगरकर ने अंग्रेजी शिक्षा के दोषों की ओर स्पष्ट संकेत किया। राजा राममोहन राय जैसा प्रगतिशील विचारक भी अपने समय में मेकाले का घोर प्रशंसक था। उनके जैसे अंग्रेजीदाँ लोग अधोमुखी निस्पन्दन सिद्धान्त में भरोसा करते थे और यह मानते थे कि ज्ञान धीरे-धीरे उच्च वर्गों के प्रयास के कारण आम जनता तक पहुँच जाएगा।

कॉलेज स्तर पर अंग्रेजी में ही पढ़ाई होती थी और माध्यमिक स्तर पर देशी भाषाओं में।

सामाजिक सुधार

जैसे-जैसे उच्च शिक्षा का प्रचार होता गया वैसे-वैसे शिक्षित लोगों में समाज के प्रश्नों के प्रति जागरूकता आने लगी। इसमें बम्बई-पूना के लोग ही अधिक थे।

महाराष्ट्र में अधिकांश सामाजिक समस्याएँ स्त्रियों से सम्बन्धित थीं। उच्च कुलीन ब्राह्मणों में विधवा-विवाह निश्चित थे। बाल-विवाह, विषम विवाह, जरठ बाला विवाह की प्रथाएँ आम थीं। विधवाओं का केशवपन किया जाता। उन्हें किसी भी शुभकार्य में उपस्थित रहने की मनाही थी। श्री बालशास्त्री जाम्भेकर, श्री गोविन्द विट्ठल कुंटे ने विधवा-विवाह के पक्ष में प्रथमत: आवाज उठाई। श्री जाम्भेकर जी को 'महाराष्ट्र के समाज-सुधारकों का कुल पुरुष' कहना चाहिए। 1856 में विधवा-विवाह का कानून बना। लेकिन विधवाओं से विवाह करने की हिम्मत इने-गिने लोगों ने ही दिखाई।

बाल-विवाह बन्द हो इसलिए बैराम जी मलवारी, न्या रानडे, श्री माधव राव कुंटे, श्री गोपाल गणेश आगरकर ने कोशिश की। वे यह चाहते थे कि कानून से

विधवा-विवाह बन्द किये जाएँ। जनमत विधवा-विवाह के पक्ष में भी नहीं था और बाल-विवाह न करने के पक्ष में भी नहीं। इन सभी सुधारकों का घोर विरोध हुआ। कुछ वर्गों में पर्दा-प्रथा का चलन था। महाराष्ट्र के गोआ तथा आसपास के कुछ क्षेत्रों में मन्दिरों में वेश्यावृत्ति जैसी बुराइयाँ पल रही थीं। इन सभी बुराइयों से सभी को मुक्त करने की दृष्टि से उसे शिक्षा देना समाज-सुधारकों को अत्यावश्यक लगा। श्री जोतिबा फूले से महर्षि कव तक कई कार्यकर्ताओं ने इस दिशा में उल्लेखनीय काम किया।

क्रिश्चियन मिशनरियों का विरोध

अंग्रेजी राज के विकास के साथ-साथ ख्रिस्ती मिशनरियों का धर्म प्रचार भी बढ़ रहा था। महाराष्ट्र के दुर्गम इलाकों तक में वे पहुँच गए थे। अंग्रेजी स्कूलों में ख्रिस्ती धर्म का प्रचार तो होता ही था लेकिन स्थान-स्थान पर चर्च बनाकर तथा गरीबों की, जहाँ तक सम्भव हो, मदद कर ख्रिस्ती पादरियों ने अपना एक प्रभाव क्षेत्र निर्माण कर लिया था। हिन्दू धर्माभिमानी लोगों के एक तबके ने ख्रिस्ती धर्मोपदेशों की निन्दा की, उनके स्कूलों पर बहिष्कार डाला, उन्हें जहाँ तक बने अपमानित किया गया। लेकिन ये बातें मिशनरियों को रोक न सकीं।

"हिन्दुस्तान के अन्य प्रान्तों की तरह बम्बई प्रान्त में भी गत शताब्दी में जो सामाजिक और धार्मिक सुधार के आन्दोलन हुए उन सभी पर ख्रिस्ती धर्मपन्थ की शिक्षा-दीक्षा का कमोवेश परिणाम था। इतना ही नहीं तो वैदिक धर्म के अभिमानी तिलक और अज्ञेयवादी आगरकर ने अपनी कच्ची उम्र में अपने सामने आदर्श रखा था जेसुइट मिशनरियों का!!"[6]

सामाजिक संस्थाएँ

18वीं सदी के मध्य तक राजनीतिक जागरण महाराष्ट्र की जनता में न के बराबर था। हाँ, कुछ सामाजिक संस्थाएँ बनीं जिन्होंने अपना ध्यान मुख्यत: समाज-सुधार की ओर लगाया। 1840 में परमहंस सभा, 1867 में प्रार्थना समाज, 1855 में

आर्य समाज, 1873 में सत्य शोधक समाज की स्थापना हुई। इन 'समाजों' ने बौद्धिक आधार पर भारतीय परम्परागत समाज की पुनर्रचना करने की कोशिश की। वे लगभग सभी प्रकार की सामाजिक बुराइयों के विरोधी थे। उन्होंने हिन्दू धर्म की, हिन्दू शास्त्रों की नई व्याख्या की। कुछ संस्थाओं ने अपने आन्दोलनों को जहाँ तक सम्भव हुआ धर्म निरपेक्ष रखा। वे व्यक्ति की स्वतंत्रता और मनुष्य के अधिकारों पर अधिक बल देते थे। मुख्यतः अछूतों के, दलितों के और स्त्रियों के उद्धार का मार्ग इन संस्थाओं के आन्दोलनों से प्रशस्त हो गया।

संक्षेप में, यह थीं हमारे चरित्र नायक महात्मा जोतिबा फुले के समय महाराष्ट्र की परिस्थितियाँ।

सन्दर्भ

1. भारतीय राष्ट्रवाद की सामाजिक पृष्ठभूमि—ए. आर. देसाई, पृ. 7-8
2. वही, पृ. 16
3. मध्यकालीन भारत-भाग 2, इरफान हबीब, पृ. 97
4. भारतीय राष्ट्रवाद की सामाजिक पृष्ठभूमि, ए. आर. देसाई, पृ. 118
5. विसाव्या शतशतीक महाराष्ट्र, खंड 1—द. दि. फड़के, पृ. 31-33
6. वही, पृ. 45

जोतिबा : जीवन चित्र

महाराष्ट्र की सन्त परम्परा में एक श्रेष्ठ नाम है—सावता माली। वे नामदेव के समकालीन थे। इसी सावता माली की जाति में महात्मा जोतिबा फुले पैदा हुए जिन्हें 19वीं सदी का सबसे अधिक निर्भय समाजसेवक कहा जा सकता है।

जोतिबा के पूर्वज खेती करते थे। गुजारा जैसे-तैसे हो जाता था। गाँव के पटवारी के साथ उनकी पटी नहीं। उसके कारनामों से तंग आकर आखिर में उन्होंने गाँव ही छोड़ दिया। पहले वे सातारा के कटगुल गाँव में रहते थे फिर पूना जिले के खानवडी गाँव में और अन्त में पूना में आ बसे।

जोतिबा के दादा थे शेटीबा। शेटीबा के तीन पुत्र हुए। राणोजी, कृष्णा, और गोविन्द। अपना गाँव छोड़कर जब वे खानवडी में आए तब उनकी माली हालत ठीक नहीं थी। चारों ओर अभावों का घेरा था, लेकिन उससे जूझने का साहस भी था। शेटीबा के तीनों पुत्रों ने तन-तोड़ मेहनत की। फुलवारी सजाने-सँवारने का काम सीखा। धीरे-धीरे उनकी कीर्ति पेशवाओं तक पहुँच गई। उन्हें पेशवाओं की फुलवारी में काम मिला। काम वे इतने बढ़िया ढंग से करते थे कि प्रसन्न होकर पेशवाओं ने उन्हें पैंतीस एकड़ जमीन इनाम में दे दी। अब लोग उन्हें 'फुले' कहने लगे। पहला नाम गोर्हे काल के उदर में समा गया।

कालान्तर से गोविन्दराव का विवाह धनकवडी गाँव के झगड़ेपाटील की कन्या चिमणाबाई से हुआ। चिमणाबाई के दो पुत्र हुए—राजाराम और जोतिबा।

ये वे ही जोतिबा हैं—हमारे चरितनायक और महात्मा!

दुर्भाग्य से चिमणाबाई मृत्यु की जब जोति साल-भर का था, तभी हुई। गोविन्दराव चाहते तो दूसरा विवाह कर सकते थे। लेकिन बच्चों के भविष्य के बारे में सोचकर

शायद उन्होंने वैसा नहीं किया। उन्होंने उनके लालन-पालन के लिए एक दाई रख ली। इस दाई का नाम था सगुणाबाई—सगुणाबाई खंडू क्षीरसागर। जोति सगुणाबाई की छत्रच्छाया में ही पनपता रहा। वे विधवा थीं। कुछ काल तक उन्होंने मिशनरियों के यहाँ नौकरी की थी, इसलिए टूटी-फूटी अंग्रेजी जानती थीं। गोविन्दराव उसे अपनी मुँहबोली बहन मानते थे। सगुणाबाई ने जोति को माँ की ममता दी, प्यार दिया। जोति जीवन के अन्त तक कृतज्ञतापूर्वक उनका स्मरण करता रहा। क्योंकि सगुणाबाई ने केवल उसका पालन-पोषण ही नहीं किया था सही माने में उसे एक आदमी बनाया था। 'दूसरों के बच्चों से कैसा स्नेह करें ये मैंने आपसे सीखा है।' जोति ने लिखा था।

आयु के सातवें वर्ष में जोति गाँव की पाठशाला में दाखिल हुआ। गोविन्दराव अधिक पढ़े-लिखे थे नहीं, और उच्च जातियों को छोड़ दें, तो अन्य जातियों में तब न पढ़ने का उत्साह था, न उन्हें वैसी सहूलियत ही थी। लेकिन गोविन्दराव ने तय किया कि वे जोति को पढ़ाएँगे। अपने-आप में यह निर्णय ही एक बहुत बड़े साहस का काम था। क्योंकि समाज में उच्च वर्णों की दृष्टि में शूद्रों का ज्ञान प्राप्त करने का प्रयत्न करना ही एक गुनाह था। इस निर्णय के लिए पास-पड़ोस के—क्या अपने, क्या पराए सभी गोविन्द राव का विरोध करने लगे। जोति को स्कूल से हटा लेने के लिए उन पर दबाव बढ़ने लगा। बद बात जल्दी रंग लाती है। जोति को स्कूल से हटा दिया गया।

अब वह अपने पिता के साथ हल-फाल, कुदाल-फावड़ा ले खेत में, बगीचे में काम करने लगा। परिश्रम और लगन दो उसके पक्के साथी थे। उसे घंटों मेहनत करते देख गोविन्दराव का कलेजा ठंडा होता। स्कूल भले ही छूट गया हो लेकिन शिक्षा का रंग जोति के मन पर से उतरा नहीं था। बाकी बचे समय में वह किताबें पढ़ता, पास-पड़ोस के बुजुर्गों से विविध विषयों पर चर्चा करता। उस मेधावी बालक की सूक्ष्म और तर्कपटु बुद्धि ने पड़ोसियों को बहुत प्रभावित किया। जिनमें एक थे उर्दू-फारसी के जानकार गफ्फार बेग मुनशी और दूसरे थे ख्रिस्ती धर्मोपदेशक लिजीट साब।

जोति की आयु इस समय लगभग 13 वर्ष की थी। तत्कालीन पारम्परिक मान्यताओं के अनुसार विवाह के योग्य! एक दिन सातारा के नायगाँव के खंडोजी

नेवसे पाटिल की आठ वर्ष की कन्या सावित्री से जोति का विवाह बड़ी धूमधाम के साथ सम्पन्न हुआ। वर्ष था 1840।

गफ्फार बेग मुनशी और लिजीट साब बड़े भले आदमी थे। यह जानकर कि जोति में पढ़ने-लिखने की लगन है, उन्होंने गोविन्दराव को उसे फिर से स्कूल में दाखिल करने के बारे में समझाया। गोविन्दराव ने बात मान ली और लगभग तीन-चार साल के अन्तराल के बाद जोति फिर स्कूल में दाखिल हो गया।

तब क्या बड़े गाँव, क्या छोटे गाँव, सभी अपने-अपने घेरे में बन्द थे। गाँव की बस्तियाँ, गलियाँ, मुहल्ले जाति-जाति के अनुसार बँटे हुए रहते थे और रोटी-बेटी का व्यवहार न के बराबर था।

1847 में स्कॉटिश मिशन के अंग्रेजी स्कूल में दाखिल होने के बाद जोति का मित्र परिवार बढ़ता गया। वह सदा स्कूल में अव्वल रहता था। ब्राह्मण, क्षत्रिय, प्रभू, कायस्थ और मुसलमान लड़के भी अब उसकी मैत्री में शामिल हो गए थे। मुसलमान लड़कों से हिन्दू धर्म की कड़ी टीका-टिप्पणी सुनकर जोति के मन में उत्सुकता जाग उठी। यह धर्म है कैसा? इसमें इतनी विषमता कैसी? जाति-भेद कैसा? वर्ण-व्यवस्था क्या है? वह जानना चाहता था।

सदाशिव बल्लाल गोवंडे नाम का जोति का एक ब्राह्मण साथी था। दोनों की गहरी दोस्ती थी। दोनों हमेशा समाज, धर्म और देश की अवस्था पर सोचते रहते। थॉमस पेन के प्रसिद्ध ग्रन्थ 'राइट्स ऑफ मैन' से दोनों प्रभावित हुए। 'राइट्स ऑफ मैन' सामान्य आदमी की 'बाईबल' मानी जाती थी।

देश पर अंग्रेजों का राज था और चारों ओर गुलामी का घना अँधेरा। राजा हारे हुए और प्रजा थकी हुई थी। लेकिन तब भी कहीं-न-कहीं से स्वतंत्रता की चिनगारी फूट पड़ती। 1826 में उमाजी नाईक ने बगावत का झंडा फहराया। 1830 में पूना जिले के कोलियों ने विद्रोह किया। बापू भांग्रे और राधोजी भांग्रे ने 1848 में ब्रिटिश सत्ता के खिलाफ जंग छेड़ दी। लेकिन ये और इन जैसे सारे प्रयास असफल रहे। अंग्रेजों ने निर्दयता के साथ सारे विद्रोह दबा दिए। विद्रोहियों को फाँसी पर लटका दिया। जोति और उसके देशप्रेमी मित्र स्वतंत्रता के इन छोटे-छोटे संघर्षों को देख-सुन रहे थे। औरों की तरह उनके मन पर भी इन संघर्ष करनेवाले वीरों की गाथा-कथाओं का परिणाम हो रहा था।

पूना में उस वक्त लहुजी मांग की व्यायामशाला प्रसिद्ध थी। जोति और उसके मित्र इस व्यायामशाला में जाते थे। मनोबल और बाहुबल कमाने की काशी थी वह व्यायामशाला। वासुदेव बलवन्त फड़के ने यहीं पर लाठी-तलवार भाँजी थी और फौलाद-सा शरीर कमाया था। जोति पर भी वही रंग चढ़ा। वह तथा उसके मित्र यह चाहते थे कि देश आजाद हो। लेकिन सशक्त क्रान्ति आजादी का रास्ता है, इस पर सम्भवत: उन्हें विश्वास नहीं था। वे अलग दिशा में सोचते थे। अन्तत: इस गुलामी का कारण क्या है? इतना विशाल देश मुट्ठी-भर अंग्रेजों के शिकंजे में बन्द कैसे हो गया? सभी प्रकार की गुलामी से जोति को नफरत थी। वह गुलामी के जड़मूल को ही काट कर फेंक देना चाहता था।

अंग्रेजी स्कूल में विविध जाति-धर्मों के छात्र थे। उनके सम्पर्क में आने से जोति यह महसूस करने लगा कि गुलामी का मुख्य कारण मानसिक है। जातियों में, पन्थों में विभक्त यह समाज मानसिक दृष्टि से भी गुलाम है। उच्च वर्णों ने निम्न वर्गों को सदियों से दबा रखा था और उनके उठने के सारे रास्ते बन्द कर रखे थे। बाहरी सत्ता से संघर्ष तो ऊपरी था। सच्चा संघर्ष भीतर ही इस निर्दय व्यवस्था से था जो यहाँ युगों से डेरा डाले पड़ी थी। इसी व्यवस्था ने समाज के एक वर्ग को सर्वथा अछूत बनाकर अपमान, दरिद्रता और अभावों की अँधेरी खाइयों में फेंक दिया था। वे आदमी-जैसे जी नहीं सकते थे। उनकी हालत जानवरों से भी बदतर थी।

घोर अपमान

खुद जोति ने ऐसे जानलेवा अपराध को भुगता। अपने एक ब्राह्मण मित्र के विवाह में वह बाराती था। शूद्र माली जाति का कोई लड़का सनातनी ब्राह्मणों के साथ कन्धे-से-कन्धा भिड़ाकर चले, इसे वे लोग कैसे सह सकते थे? जोति का गिरेबान पकड़कर एक ब्राह्मण ने टोका, "शर्म नहीं आती? शूद्र कहीं के? ब्राह्मणों के साथ चलते हो? जाति-पाँति की कोई मर्यादा है या नहीं? या सव कुछ ताक पर रख दिया है? हटो यहाँ से? सबसे पीछे चलना और आगे मत आना। वहुत बेशरम हो गए हैं ये लोग आजकल।" जोति पर मानो बिजलियाँ गिर रही थीं। वह हक्का-बक्का रह

गया। कोई इस तरह उसे प्रताड़ित कर सकता है, इस पर उसे विश्वास ही नहीं हो रहा था। इतना अपमान! ऐसी घृणा!! बिना एक क्षण रुके वह उल्टे पाँव लौटा। गुस्से से उफनते हुए उसने अपने पिता गोविन्दराव को सारा किस्सा सुनाया। उसे लगा वे कुपित होंगे। लाठी लेकर अपमान का बदला लेने चल पड़ेंगे। लेकिन ऐसा हुआ नहीं। गोविन्दराव भी परम्परा के गुलाम थे। धर्मभीरु, रूढ़िप्रिय!! उन्होंने उल्टे जोति को समझाना शुरू किया, "गनीमत समझो कि उन्होंने केवल तुम्हें डाँट-डपटकर छोड़ दिया। हम जाति से शूद्र हैं। उनकी बराबरी कैसे कर सकेंगे? गैर-ब्राह्मणों का पेशवाओं के राज में भी अपमान होता था। उन्हें हाथी के पैरों तले कुचलते थे। यातनाएँ देते थे। न्याय ब्राह्मणों का पक्षपाती था। गुलटेकरी पर ब्राह्मणों ने जो भयानक कृत्य किए उसे जानते हो? जो निम्न जातियाँ यह दावा करती थीं कि हम ब्राह्मणों जैसी ही हैं या ब्राह्मणों के बराबर की हैं, उन जातियों पर ऐसा बन्धन लादा गया था कि वे अमुक-अमुक पोशाक न धारण करें। आज तुमने जो कुछ किया वह अगर पेशवाओं के राज में करते तो तुम्हें कड़ी सजा होती।"

जोति सुनता रहा और उसके सामने दागदार सच्चाइयों के परदे खुलते रहे। राजनीतिक गुलामी भीषण जरूर थी, लेकिन उसकी कोई सीधी आँच सामान्य लोगों पर नहीं आती थी। परन्तु सामाजिक विषमता की यह आग तो आदमी को जिन्दा जलानेवाली है। मनुष्य की आत्मा को तिल-तिल कर मारती है वह। लड़ना ही है तो पहले इस जानलेवा बीमारी से लड़ना होगा।

जोति को भविष्य का रास्ता खुलता हुआ दिखाई दिया। मन-ही-मन उसने ठान ली कि अब आगे चलकर बस एक ही काम करना है, जाति-भेद के खम्भों पर खड़े विषमता के महलों को ढहा देना है! उसकी ईंट से ईंट बजा देनी है! वे ब्राह्मण हैं, जो इस व्यवस्था के निर्माता हैं, तो पहले हमला पुरोहित पन्थ पर होगा। जन्मजात ऊँच-नीच की नींव ही उखाड़ फेंकनी होगी। अपमान के उस एक प्रसंग ने जोति के जीवन की दिशा ही बदल दी। उसने यह भी जान लिया कि निम्न जातियों की दुर्दशा का मुख्य कारण है—अशिक्षा। ज्ञान के सारे रास्तों पर ब्राह्मण वर्ग का पहरा है। वे अन्य जातियों तक आसानी से ज्ञान पहुँचने ही नहीं देते। निम्न जातियों के लिए, स्त्रियों के लिए तो उन्होंने ग्रन्थों का पठन-पाठन तक मना कर दिया था। अन्धविश्वासी, अज्ञानी, और धर्मभीरु जनता न इस व्यवस्था के खिलाफ लड़ सकती है, न नया

रास्ता अपना सकती है। धर्म नियमों का आधार लेकर विषम समाज-व्यवस्था का एक ऐसा चौखटा पुरोहित वर्ग ने खड़ा किया है, जिसे तोड़ना आसान नहीं।

जोति के मन में विचारों के भँवर उठते रहे। "मैं पढ़ा-लिखा हूँ। भला-बुरा, सही-गलत क्या है, सब जानता हूँ। जब मेरा और ब्राह्मण का धर्म एक ही है, तो मुझे हीन मानने का क्या कारण है? अगर धर्म उन्हें यह सिखाता है तो क्या ऐसे धर्म को हम सच्चा धर्म कहेंगे। सत्यनीति ही तो मानवी धर्म है। अगर उपासना ही करनी है तो इस मानवधर्म की ही क्यों न करें?"

जोति चाहता तो उसे सरकारी नौकरी आसानी से मिल सकती थी। लेकिन वह अपने समय के उन सभी श्रेष्ठ सामाजिक कार्यकर्ताओं में अग्रणी था जिन्होंने सरकारी दाने चुगने से इनकार कर दिया था।

सन् 1848 में जोति ने यह तय किया कि जिन वर्गों के लिए शिक्षा अप्राप्य है उनके लिए सबसे पहले शिक्षा का प्रबन्ध किया जाए। स्त्रियों और अछूत दोनों के लिए धर्मदृष्टया शिक्षा निषिद्ध है तो उनके लिए ही नये स्कूल खोले जाएँ।

अछूतों का पहला स्कूल

जोति ने पूना के बुधवार पेठ में सन् 1848 के अगस्त में अछूत बच्चों के लिए एक स्कूल शुरू किया, जो महाराष्ट्र में ही नहीं, पूरे देश में अपने ढंग का पहला स्कूल था। जोति की दूरदृष्टि ने यह समझ लिया था कि जब तक हम स्त्रियों को और पिछड़ी हुई जातियों को आगे नहीं बढ़ाएँगे तब तक समाज में व्याप्त अन्धविश्वास और अन्याय की कड़ियाँ नहीं टूटेंगी। 1830 के आसपास शनिवार वाड़े में उच्च वर्णीय सात-आठ लड़कियों के लिए एक स्कूल गुप्त ढंग से चलाया जाता था, ऐसा माना जाता है।

उसने इस सन्दर्भ में मिशनरियों का कार्य देखा था। उनसे प्रेरणा भी ली थी। "मेरे देशबन्धुओं में से महार, मांग, चमार दुख और अज्ञान में डूबे हुए हैं। दयाधन परमात्मा ने उनकी स्थिति में सुधार लाने की प्रेरणा मुझे दी। स्त्रियों के स्कूल ने सबसे पहले मेरा ध्यान आकर्षित किया। पूर्ण विचारोपरान्त मेरा यह निश्चित मत हुआ कि लड़कों के स्कूल के बजाय लड़कियों का स्कूल होना बहुत जरूरी है। महिलाएँ

दो-तीन साल की आयु में जो संस्कार अपने बच्चों पर डालती हैं उसी में उन बच्चों के भविष्य के बीज होते हैं। अहमद नगर के अमेरिकन मिशन में मिस फैरार ने जो स्कूल चलाया, उसे मैंने अपने मित्रों के साथ देखा। जिस ढंग से उन लड़कियों को शिक्षा दी जाती थी, वह पद्धति मुझे बहुत अच्छी लगी।"

जोति के मित्र सखाराम यशवन्त परांजपे, सदाशिवराव गोवंडे आदि उसे उस कार्य में मदद करते थे। वे अब उसे आदर और सम्मान से 'जोतिबा' कहने लगे थे। यह तो स्पष्ट था कि जोतिबा के उस स्कूल में शूद्र या अतिशूद्र जाति के लड़के या लड़कियाँ ही आती थीं। प्रश्न था, उन्हें पढ़ाएगा कौन? जोतिबा के अलावा कोई शिक्षक मिलना असम्भव था। तब पाठशालाओं के शिक्षक तक बिना किसी संकोच के जाति-भेद का पालन करते थे। लड़कों के बैठने की व्यवस्था स्कूलों में उनकी जाति की श्रेष्ठता के अनुसार की जाती थी और कोई उसे बुरा नहीं मानता था। निम्न वर्ग के लड़के उच्च वर्णों के लड़कों के साथ बैठकर पढ़ नहीं सकते थे। लड़कियों की स्थिति तो और भी बदतर थी।

पूना के सनातनी ब्राह्मणों को जोतिबा का इस तरह अछूतों के लिए स्कूल खोलना कतई पसन्द नहीं था। उनके मत में तो यह घोर अधर्म था। उन्होंने जोतिबा की कड़ी टीका-टिप्पणी की। उन्हें भला-बुरा कहा। समाज से बहिष्कृत कर देने की धमकी दी। लेकिन जोतिबा टस से मस नहीं हुए। यह ऐसा काम था, जो इस देश के 3000 सालों के इतिहास में नहीं हुआ था। अछूत समाज के लिए पहला स्कूल जोतिबा के कारण शुरू हो सका।

घर से बाहर

इधर गोविन्दराव पर अपनों और परायों का भी दबाव बढ़ने लगा। "तुम्हारा लड़का धर्म और समाज के लिए कलंक है। उसकी पत्नी भी निपट निर्लज्ज और मर्यादाहीन है। दोनों समाजद्रोही और धर्मद्रोही हैं। उनके व्यवहार के कारण तुम पर परमात्मा का कोप होगा। अच्छा हो, दोनों को घर से बाहर निकाल दो।" पुरोहितों ने गोविन्दराव पर आग बरसाई। बेचारे धर्मभीरु गोविन्दराव दब गए। उन्होंने जोतिबा से कहा, "या तो स्कूल छोड़ो या घर!" जोतिबा के सामने घर छोड़ देने के अलावा कोई

और चारा नहीं था। अपने निर्धारित लक्ष्य से पीछे हटना तो वे स्वप्न में भी नहीं सोच सकते थे। पिता ने कहा "कि मैं तुम्हारी पत्नी को भी अपने घर में नहीं रख सकता।" इसी बात पर बड़े ही दुखी मन से उन पति-पत्नी ने पिता का घर छोड़ दिया। अब तक सर पर पिता का साया था इसलिए पेट पालने की कोई चिन्ता नहीं थी। लेकिन घर से बाहर कदम रखते ही खाने के लाले पड़ने लगे। काम-धन्धे की खोज में व्यस्त जोतिबा को कुछ दिनों के लिए स्कूल का काम छोड़ देना पड़ा। आठ-नौ माह तक चलने के बाद स्कूल भी बन्द हो गया।

लेकिन जैसे ही स्थिति में कुछ सुधार आया वैसे जोतिबा फिर अपने काम में जुट गए। जुनागंज पेठ में सदाशिव राव गोवंडे जी की जगह में स्कूल फिर से शुरू हो गया। लहूजी बुवा मांग और राणबा महार कुछ लड़के-लड़कियों को ले आए। विष्णु पन्त शत्ते नाम के एक ब्राह्मण शिक्षक कुछ दिनों तक बच्चों को पढ़ाते रहे। लेकिन ब्राह्मणों ने उन्हें तंग करना शुरू किया। हारकर उन्होंने भी स्कूल से पीठ कर ली।

लेकिन कारवाँ रुका नहीं। आगे बढ़ता गया। स्कूल में आनेवाले छात्रों की संख्या बढ़ने लगी। अब स्कूल के लिए बड़ी जगह की आवश्यकता थी। लेकिन कौन देगा? हिन्दू समाज के ही एक अंग होनेवाले अपने ही भाई-बहनों की शिक्षा के लिए किसी हिन्दू ने जगह देने की हिम्मत नहीं की!! आखिर उसी गली में एक मुसलमान के घर में जोतिबा को ठौर मिला।

लड़कियों के लिए स्कूल

3 जुलाई, 1857 में उन्होंने बुधवार पेठ में रहनेवाले अण्णा साहब चिपलुणकर के विशाल भवन में केवल लड़कियों के लिए एक स्कूल खोल दिया। जोतिबा ऐसे पहले भारतीय थे, जिन्होंने केवल लड़कियों की पढ़ाई के लिए स्वतंत्र स्कूल खोलने की दूरदर्शिता दिखाई।

भले सिर पर पहाड़ टूटे या बिजली गिरे, लेकिन इस राह से पीछे हटना नहीं है। यह जोतिका ने तय कर लिया। काफी कोशिश करने के बावजूद जब लड़कियों को पढ़ाने के लिए कोई शिक्षक नहीं मिला, तब जोतिबा ने हिम्मत से एक कदम और आगे बढ़ाया। उन्होंने अपनी पत्नी सावित्री को ही इस काम के लिए तैयार किया।

जोतिबा के सारे महत कार्यों की प्रेरणा थीं सावित्रीबाई। उनका साथ न होता तो शायद जितना कुछ अपने जीवन में वे कर सके, न कर पाते। सावित्री का जन्म सन् 1837 के लगभग हुआ था। बचपन में वह बहुत होशियार और चतुर थी। पिता खंडेराव पाटिल को गाँव बहुत मानता था। गाहे-बगाहे सलाह-मशविरा करने के लिए लोग उनके पास आया करते थे। सावित्री ने अपने इस अनुभवी पिता से बहुत कुछ सीखा था।

विवाह के बाद जोतिबा ने सावित्री को पढ़ाया-लिखाया। सगुणाबाई से भी उन्हें इस कार्य में बड़ी मदद मिली। सावित्री तथा सगुणाबाई दोनों ने मिमेज मिचेल की नार्मल स्कूल में ट्रेनिंग ली। लगभग चार साल का कोर्स पूरा कर सावित्री ट्रेंड शिक्षिका बन गईं। सावित्री को शिक्षा-क्षेत्र में लाने का जितना श्रेय सगुणाबाई और जोतिबा को है, उतना ही मिसेज मिचेल को भी है।

सावित्री—प्रथम भारतीय शिक्षिका

सावित्री का स्कूल में पढ़ाने के लिए जाना, परम्परावादी समाज की चूलें हिला देना था। घर के बाहर कदम रखकर समाज के क्षेत्र में खुलेआम आनेवाली वह पहली भारतीय महिला थीं। धर्ममार्तंड लोग किसी स्त्री का इस तरह निर्भयतापूर्वक आचार करना फूटी आँखों से भी सह नहीं सकते थे। सावित्री की छीछालेदर करने में उन्होंने कोई कोर-कसर नहीं छोड़ी। घर से बाहर निकलकर वह स्कूल जाती तब वे रास्ते पर खड़े रहकर उसे गन्दी-गन्दी गालियाँ देते, उस पर थूकते, उसे पत्थर मारते, उस पर गोबर उछालते!!

धन्य है वह महिला! इस जानलेवा अपमान की आग को शान्ति से पीकर वह अपना काम करती रही। वह लोगों से हाथ जोड़कर कहती, "भाइयो, मैं तो आपकी और अपनी इन छोटी बहनों को पढ़ाने का पवित्र काम कर रही हूँ। मुझे बढ़ावा देने के लिए शायद आप मुझ पर गोबर-पत्थर फेंक रहे हैं, मैं यह मानती हूँ कि ये गोबर-पत्थर नहीं, फूल हैं। आपका यह कार्य मुझे प्रेरणा देता है कि इसी तरह मेरी इन बहनों की सेवा मुझे करनी चाहिए। ईश्वर आपको मुखी रखे।"

एक पहरेवाला और ब. स. कोल्हे नामक गृहस्थ कुछ दिनों तक सावित्री की रक्षा करने के लिए उसके साथ घर से स्कूल और स्कूल से घर तक आते-जाते थे।

कई दिक्कतों, संकटों और विरोधों के बावजूद स्कूल चलता रहा। फुले पति-पत्नी जी-जान से अपने काम में लगे रहे। उस समय के जुडिशियल कमिश्नर मेहरबान वोर्डेन साहब ने 1854 में अपने एक भाषण में जोतिबा और सावित्री की, उनके इस कार्य के लिए भूरि-भूरि प्रशंसा की।

प्रख्यात व्याकरणकार तथा मराठी स्कूलों के विभागीय सचिव श्री दादोबा पांडुरंग तरबंडकर ने 16 अक्टूबर, 1857 को जोतिबा के इन स्कूलों का मुआयना किया। बढ़िया काम-काज और छात्राओं की प्रगति देखकर वे सन्तुष्ट हो गए।

1852 में जोतिबा ने और एक उल्लेखनीय कार्य किया। उन्होंने पिछड़े हुए लोगों के लिए एक स्वतंत्र वाचनालय शुरू किया। इसके पहले वाचनालय केवल उच्च वर्णों की ही बपौती थे। सावित्री को बहुश्रुत बनाने में इस वाचनालय का भी योगदान है।

जोतिबा और सावित्री स्कूलों में बिना वेतन लिये पढ़ाते थे। स्कूल तो अच्छे चल रहे थे, लेकिन घर की माली हालत डाँवाँडोल थी।

दूसरी ओर जोतिबा के इन कार्यों से सनातनियों का क्रोध बढ़ता जा रहा था। उन्हें जान से मारने की कोशिश की गई, लेकिन जो उन्हें मारने के लिए आए थे वे ही उनके शिष्य बन गए। सारा महाराष्ट्र अब जोतिबा को जानने लगा था। वे अछूतों और महिलाओं के मसीहा बन गए थे। शिक्षा के क्षेत्र में तो उन्हें युग प्रवर्तक ही माना जाता था।

17 फरवरी, 1852 में छात्रों की खुली परीक्षाएँ ली गईं। सैकड़ों लोग उस समय उपस्थित थे।

जोतिबा का सत्कार

जोतिबा के कार्यों की जानकारी बम्बई के तत्कालीन राज्यपाल ने लन्दन में कम्पनी सरकार को भेजी और कम्पनी सरकार की ओर से 19 नवम्बर, 1852 को पुणे महाविद्यालय के प्राचार्य मेजर कंठी ने एक विशाल समारोह में 200 रुपये का महावस्त्र तथा श्रीफल देकर जोतिबा का भव्य सत्कार किया। 'बॉम्बे गॉर्डियन', 'पुना ऑबजर्व्हर', 'ज्ञानप्रकाश', 'ज्ञानोदय', इत्यादि तत्कालीन समाचार-पत्रों ने जोतिबा के इस कार्य की मुक्त कंठ से सराहना की।

जोतिबा का कहना था, "मैंने अपना काम सद्सद्विवेक-बुद्धि की प्रेरणा से और ईश्वरी इच्छा के अनुसार किया है।" उनके कथन में न किसी प्रकार का अभिमान था, न किसी प्रकार की उच्छृंखलता थी।

पूना के सनातनी ब्राह्मणों को सरकार की ओर से जोतिबा का इस तरह सत्कार करना अच्छा नहीं लगा। उन्हें वह कारा टूटती हुई नजर आई जो उन्होंने युगों से जान-बूझकर खड़ी की थी। लेकिन निम्नवर्गों को और युवकों को जोतिबा के इन प्रयत्नों के कारण बहुत राहत मिली। यह सही है कि इस क्रान्तिकार्य में जोतिबा के साथ श्री बापूराव मांडे, पंडित मोरेश्वर शास्त्री, मोरो विट्ठल बालवेकर, सखाराम बलवन्त, परांजपे, बाबाजी, मानाजी डेनाले, सदाशिव राव गोवंडे इत्यादि कई लोगों ने काम किया, जिनमें कुछ उच्चवर्गीय भी थे।

जोतिबा निम्न वर्गों को, स्त्रियों को केवल शिक्षा देने का ही काम नहीं कर रहे थे, वे सदियों से सोए हुए समाज की कुचली गई अस्मिता जगाने का काम कर रहे थे। ज्ञान यह सिखाता है कि कैसे जिएँ, जोतिबा मृतवत जीवन जीनेवाले अछूतों और स्त्रियों को ठीक यही शिक्षा दे रहे थे।

उनके स्कूल में पढ़ी हुई 14 साल की मातंग जाति की एक कन्या ने एक निबन्ध में लिखा था, "ब्राह्मण लोग कहते हैं कि वेद हमारी बपौती है। हम ही उसे पढ़ेंगे। इसका मतलब यह हुआ कि हमारा कोई धर्म ग्रन्थ नहीं है। अगर वेद केवल ब्राह्मणों के लिए है तो उसके अनुसार वर्तन करना ब्राह्मणों का धर्म है। अगर हमें धर्मग्रन्थ देखने या छूने तक की इजाजत नहीं है तो क्या यह स्पष्ट नहीं कि हम धर्मरहित हैं? हे परमात्मा, तुम्हारे द्वारा निर्मित धर्म कौन-सा है, यह कृपा कर हमें बताइए, यानी हम सभी उसके अनुसार बर्ताव करेंगे।"

अछूतों के लिए जो स्कूल जोतिबा चला रहे थे उसकी सालाना परीक्षा 27 मार्च, 1853 में हुई। उस समय जो समारोह हुआ उसमें उच्च वर्ग की महिलाएँ, पुरुष, न्यायाधीश, प्राध्यापक, प्राचार्य, सैनिक अधिकारी, व्यापारी इत्यादि सभी तबकों के लोग उपस्थित थे।

जोतिबा के स्कूलों में अब जितनी छात्र-छात्राएँ थीं, उतनी सरकारी स्कूलों में भी नहीं थीं।

उन दिनों अपने उदर-निर्वाह के लिए जोतिबा दर्जी का काम करते थे और

सावित्री कुछ महिलाओं की सहायता से रजाइयाँ तैयार करके बेचने का काम करती थी।

अभावों की इस आग ने न जोतिबा का हौसला कम किया, न सावित्री का। वे अपने काम में लगे रहे। उनकी कीर्ति दिन दूनी रात चौगुनी बनी रही।

जान से मारने की कोशिश

जोतिबा के विचार और आचार पचा पाना सनातनियों के लिए सम्भव नहीं था। कुछ आततायिओं ने जोतिबा को जान से ही मार डालने की सोची। घोंडीराव नामदेव कुम्हार और रोद्रे नामक दो व्यक्तियों को उन्होंने पैसे देकर इस काम के लिए तैयार किया।

एक दिन आधी रात को ये दोनों जोतिबा के घर में घुसे। आहट पाकर जोतिबा और सावित्री जागे। देखा तो हाथों में चमचमाते छुरे लिये दो हट्टे-कट्टे आदमी खड़े थे।

"क्या चाहते हो?" जोतिबा ने पूछा।

"तुम्हारी जान।"

"क्यों? क्या मैंने आपका कुछ अहित किया है?"

"वह बात नहीं है। हमें बस तुम्हें जान से मारने का हुक्म है?"

"मुझे मारकर तुम्हें क्या मिलेगा?"

"एक-एक हजार रुपये।"

"अरे, तब तो जरूर मेरा सिर कलम कर दो। अगर इससे तुम्हारा कुछ भी भला होता है, तो मैं रोड़ा क्यों अटकाऊँ! जिस गरीब जनता की सेवा में मैंने अपना पूरा जीवन लगा दिया, वही जनता अगर मेरा गला काटना चाहती है, तो ठाकुर की मर्जी, भले काटे। मेरी सारी हयात अछूतों का भला करने में गई है। अब अगर मेरी मौत से उनका भला होता है, तो मैं क्यों रोकूँ। बढ़ो आगे।"

जोतिबा की धीर गम्भीर, आत्मविश्वासपूर्ण वाणी सुनकर दोनों जल्लादों ने हथियार डाल दिए। जोतिबा के पैर पकड़कर उन्होंने क्षमा माँगी। जोतिबा ने उदारतापूर्वक उनको क्षमा कर दिया।

उनमें से एक कुछ दिनों बाद जोतिबा का शरीर संरक्षक बना और दूसरा घोंडीराम कुम्हार जोतिबा के 'सत्यशोधक समाज' का प्रबल समर्थक सिद्ध हुआ।

लगभग 8-10 सालों तक जोतिबा ने अपना सारा ध्यान दलितों और स्त्रियों की शिक्षा पर लगाया था। उनका दृष्टिकोण साफ था। उनका निश्चित मत था कि अछूतों की और स्त्रियों की वर्तमान दयनीय हालत के लिए जिम्मेदार ब्राह्मण और उनके द्वारा निर्धारित धर्म-व्यवस्था है। इसलिए वे छात्रों को पढ़ाते समय ब्राह्मणों के पूर्व इतिहास की कड़ी आलोचना करते। उनके साथ काम करनेवाले उच्च वर्ण के सहयोगियों के लिए भी इस आलोचना का सामना करना मुश्किल हो जाता। दुर्भाग्य से साथियों में मनमुटाव बढ़ता गया। जोतिबा सहिष्णु जरूर थे लेकिन उनमें जनसंग्रह करने की वृत्ति कम थी। अपने साथियों को वे समझा नहीं सके और अन्त में एक दिन दोनों शिक्षा संस्थाओं से वे स्वयं हट गए।

इसी समय 1857 का गदर शुरू हुआ। यह सही है कि अपनी छात्रावस्था में जोतिबा ने अंग्रेजों का विरोध करने की ठानी थी। लेकिन आगे चलकर उनके विचारों में परिवर्तन हुआ। अंग्रेजों के कारण ज्ञान-विज्ञान का प्रसार सर्वत्र हुआ। वे समानता के समर्थक हैं। पुरोहितशाही को उनके कारण ही रोका जा सकेगा, ऐसा वे मानने लगे। "अंग्रेज आज हैं, कल नहीं। वे जिन्दगी-भर हमारे साथ रहेंगे ऐसा कोई निश्चयपूर्वक नहीं कह सकता। इसलिए जब तक देश में इन लोगों का राज है, तब तक सभी शूद्रों को चाहिए कि वे जल्द-से-जल्द ब्राह्मणों की पुश्तैनी गुलामी से मुक्त हो जाने की कोशिश करें। भला इसी में है।"

और इसी मान्यता के कारण 1857 के स्वतंत्रता संग्राम को जोतिबा की कोई सहानुभूति नहीं मिली। उल्टे उन्होंने जहाँ तक हो सका उस स्वतंत्रता संग्राम की खिल्ली ही उड़ाई। वे चाहते थे कि अंग्रेजों की सरकार बनी रहे।

जोतिबा का ध्यान वर्तमान समाज में व्याप्त विषमता की ओर अधिक था। धर्म के नाम पर स्त्रियों पर जो अत्याचार हो रहे थे, उसे वे खुली आँखों से देख रहे थे। राजा राममोहन राय के प्रयत्नों के कारण सतीप्रथा पर रोक अवश्य लगी, लेकिन तब भी वह पूरी तौर पर नष्ट नहीं हुई थी। पुरुष के नाम पर इस तरह स्त्रियों को जिन्दा जला देना अभिनन्दनीय माना जाता था। स्त्रियों को जन्म से ही हीन माना जाता और जनमते ही कन्या का गला घोंट देने की प्रथाएँ

राजपूतों की कुछ जातियों में थीं। विधवाओं की हालत तो नरक से भी बदतर थी। न उनका पुनर्विवाह हो सकता था, न किसी शुभ समारोह में वे उपस्थित रह सकती थीं, न उनके लिए जीवन के कोई सुखसाधन थे। जहाँ तक हो सके केश काटकर और काले वस्त्र देकर विद्रूप, तिरस्करणीय तथा अपमानजनक अवस्था में रहने के लिए उन्हें मजबूर किया जाता था। उसके मानसिक और शारीरिक शोषण की कोई सीमा ही नहीं थी। इसके अलावा न जाने कितनी-कितनी और भी प्रथाएँ थीं।

बालहत्या प्रतिबन्धक गृह

जोतिबा ने इन प्रथाओं के खिलाफ जंग छेड़ दी। अन्य जातियों के अलावा ब्राह्मणों में तो विधवाओं की स्थिति अधिक दयनीय थी। श्री विष्णु शास्त्री बापट ने 1840 से विधवाओं के विवाह के लिए प्रयत्न शुरू कर दिए थे। 25 जुलाई, 1859 में सरकार ने विधवा-विवाह का कानून पास किया। लेकिन उससे सामाजिक स्थिति में कोई विशेष सुधार नहीं आया। दूसरी ओर भ्रूण हत्या का प्रमाण चिन्ता उत्पन्न कर ही रहा था।

जोतिबा ने 1863 में एक बालहत्या प्रतिबन्धक गृह शुरू किया। कोई भी विधवा वहाँ आकर जचगी कर सकती थी। उसका नाम गुप्त रखा जाता था। जोतिबा ने इस 'बालहत्या प्रतिबन्धक गृह' के बड़े-बड़े पोस्टर्स सर्वत्र लगवाए। उन पर लिखा था, "विधवाओ! यहाँ अनाम रहकर निर्विघ्न जचगी कीजिए। अपना बच्चा साथ ले जाएँ या यहीं रखें यह आपकी मर्जी पर निर्भर रहेगा। अन्यथा अनाथाश्रम उन बच्चों की देखभाल करेगा ही।"

यह सनातनियों के गढ़ में मानो बम फूटना था। वे आपे से बाहर हो गए। "क्या समझता है, यह आदमी अपने-आपको? होता कौन है यह ऐसा अनाथाश्रम निकालने वाला?" वे जानते थे कि जोतिबा के अलावा ऐसी हिम्मत और कोई नहीं कर सकता। लेकिन अब वे उनका कुछ बिगाड़ भी नहीं सकते थे।

इस तरह का 'बालहत्या प्रतिबन्धक गृह' पूरे देश में और कहीं नहीं था। सबसे बड़ी बात यह थी कि इसे एक अब्राह्मण, शूद्र माने जानेवाले जोतिबा ने मुख्यत:

ब्राह्मण विधवा स्त्रियों के लिए चलाया था। कई वर्षों तक यह अनाथालय चलता रहा और उसने अनेकों असहाय विधवाओं की मदद की।

जोतिबा को अब तक कोई सन्तान नहीं हुई थी। गोविन्दराव की उम्र ढल रही थी। वे चाहते थे कि अगर सन्तान नहीं होती तो जोतिबा दूसरा विवाह करें। तब तो यह आम बात थी। उन्होंने जोतिबा के ससुरालवालों को भी इस बात पर मना लिया था। लेकिन जोतिबा ने स्पष्टता से "ना" कहा। "सन्तान नहीं होती इसलिए किसी स्त्री को बाँझ कहना बहुत बड़ी निर्दयता है। सम्भव है, उसके पति में दोष हो। ऐसी स्थिति में अगर वह स्त्री कहे कि मुझे दूसरा पति करना है तो उस पुरुष पर क्या बीतेगी?" केवल सन्तानोत्पत्ति के लिए दूसरा विवाह करने की प्रथा जोतिबा को कतई पसन्द नहीं थी। अन्त तक उन्होंने अपने पिता की और सगे-सम्बन्धियों की बात नहीं मानी। सन् 1898 में गोविन्दराव की मृत्यु हो गई।

जोतिबा ने विधवाओं के पुनर्विवाह की दिशा में भी काफी प्रयत्न किये।

अछूतों के लिए पानी

पूना में उस समय स्थान-स्थान पर पीने के पानी के छोटे-बड़े हौज होते थे, जिन्हें पेशवाओं ने बनवाया था। इन हौज पर महार, चमार, मांग पानी नहीं भर सकते थे। तपती दोपहरी में कई बार वे पानी माँग-माँगकर थक जाते थे लेकिन उन्हें एक घूँट पानी मिलना मुश्किल हो जाता। उस समय की नगरपालिका भी कोई स्थायी इन्तजाम नहीं कर पा रही थी। केवल पानी के लिए शूद्रों की जो हालत होती थी उन्हें देखना-सहना जोतिबा के लिए सम्भव नहीं था। 1868 में उन्होंने अपने घर के पानी का हौज निम्न जातियों के लिए खुला कर दिया। इसमें कोई भी किसी भी समय वहाँ आकर पानी पी सकता था।

सनातनियों पर इस बात की भी तीव्र प्रतिक्रिया हुई। लेकिन जोतिबा कब माननेवाले थे। उन्हें तो ऐसा हर काम डंके की चोट पर करना था, जो पारम्परिक अन्यायपूर्ण रूढ़ियों को तोड़ सके।

जोतिबा कर्मवीर थे। कर्मों में ही उनका विश्वास था लेकिन समय-समय पर अपने विचारों को व्यक्त करने के लिए उन्होंने ग्रन्थों की भी रचना की।

1877 में उन्होंने 'तृतीय रत्न' नामक नाटक लिखा। 1862 में 'छत्रपति शिवाजी राजा भोसला का (वीरगाथा) पवाड़ा' और 'ब्राह्मणों का कौशल' तथा 1873 में 'गुलामगिरी' नामक ग्रन्थों की रचना की।

अपनी विद्वत्ता या शास्त्रज्ञान का कोई दावा जोतिबा ने नहीं किया। वे स्कॉलर थे भी नहीं। लेकिन उनके अनुभव और चिन्तन ने उनकी एक स्वतंत्र विचार-परम्परा का निर्माण किया। उस समय भले ही उनके विचारों की निन्दा हुई हो, लेकिन गुजरते हुए समय ने यह सिद्ध कर दिया कि वे बहुत सारी बातों के बारे में बहुत दूर तक बिलकुल ठीक दिशा में सोच रहे थे।

सत्यशोधक समाज

ब्राह्मणों और धर्मग्रन्थों के द्वारा शूद्रातिशूद्रों पर जो धार्मिक और सामाजिक अन्याय होते थे, उनका मुकाबला अकेले-अकेले कर पाना सम्भव नहीं होगा, यह जानकर जोतिबा ने 24 सितम्बर, 1773 को 'सत्यसमाज शोधक' की स्थापना की। वे उस समाज के प्रथम अध्यक्ष तथा कोषाध्यक्ष और श्री नारायणराव गोबिन्दराव कडलक के सचिव थे।

सत्यशोधक समाज के पहले प्रार्थना समाज और ब्राह्म समाज की स्थापना हो चुकी थी। सामाजिक दृष्टि से इन दोनों समाजों से सत्यशोधक समाज का ध्येय कुछ-कुछ अलग था। अपने सिद्धान्तों और कार्यक्रमों के कारण सत्यशोधक समाज एक महाराष्ट्रव्यापी आन्दोलन बन गया। महाराष्ट्र के सामाजिक जीवन पर उसके गहरे परिणाम हुए। सभी जाति-धर्मों के लोग सत्यशोधक समाज के सदस्य थे। जातिभेद, स्पर्श-अस्पर्शता की भावना से पूर्णत: मुक्त एक एकेश्वरी पन्थ के रूप में वह विकसित होता रहा। सभी धार्मिक अनुष्ठानों से ब्राह्मणों की दलाली नष्ट करने का बेड़ा सत्यशोधक समाज ने उठाया था। उस कार्य में उसे सीमित यश भी मिला।

पुरोहित वर्ग ने सत्यशोधक समाज की कार्यवाही को रोकने की हर सम्भव कोशिश की। उसके सदस्यों को डराया जाता। सामाजिक बहिष्कार की धमकी दी जाती, मार-पीट भी होती। लेकिन इन सबके बावजूद सत्यशोधक समाज आगे की ओर बढ़ता ही चला गया। जोतिबा ने उसे सही माने में दबे हुए लोगों की आवाज

बना दिया। अपने-आपको मराठी भाषा के 'शिवाजी' कहलानेवाले, महापंडित श्री विष्णु शास्त्री चिपलुणकर ने अपनी 'निबन्धमाला' में सत्य शोधक समाज और जोतिबा पर लगातार तीन सालों तक जबरदस्त टीका-टिप्पणी की। उन्हें जवाब भी मिलता गया। दुर्भाग्य से इन्हीं चिनगारियों से आगे चलकर महाराष्ट्र में ब्राह्मण-ब्राह्मणेतर विवाद की आग भड़की। 1875 में स्वामी दयानन्द ने बम्बई में आर्य समाज की स्थापना की। बम्बई में और पूना में भी उनके वैदिक धर्म-सम्बन्धी कई व्याख्यान हुए। पूना में उनकी एक भव्य शोभायात्रा निकालने की बात जब सुधारकों ने सोची तो सनातनियों ने उसका विरोध किया। सुधारकों ने सनातनियों के बढ़ते हुए विरोध को देखकर जोतिबा से सहायता माँगी। 5 सितम्बर, 1875 को दयानन्द स्वामी की बड़ी धूमधाम से शोभा-यात्रा निकली। जोतिबा और उनके असंख्य सहयोगी उस शोभा यात्रा में उपस्थित थे।

1876 से 1878 तक जोतिबा पूना नगरपालिका के सदस्य रहे। नगरपालिका में निम्न वर्गों का कोई प्रतिनिधि नहीं था। सारा कारोबार उच्च वर्णों के लोगों के हाथों में था। वे अपनी मनमानी करते। गरीबों की झोंपड़ी-झुग्गियों में, अछूतों की बस्ती में पानी की हमेशा किल्लत रहती। शिक्षा तथा आरोग्य विषयक सुविधाओं का भी सर्वथा अभाव रहता। 'नगरपालिका समिति' पर सरकार द्वारा जोतिबा की नियुक्ति हुई और जरूरतमन्दों को ये सारी सुविधाएँ मिलें, इसके लिए जोतिबा ने अनन्त प्रयत्न किये।

शराब की नई दुकानें न खुलें

शराब उन्नत समाज का शौक और गरीब समाज की मौत होती है। सरकार शराब की नई दुकानें खोलने के परवाने जारी न करे, इसके लिए जोतिबा ने कोशिश की। 17 जुलाई, 1880 को उन्होंने पूना नगरपालिका कार्यकारी मंडल के अध्यक्ष प्लंकेट को एक खत लिखकर कहा कि—

> शराब की आदत नागरिकों के नैतिक आचरण में बाधा डालती है। इतना ही नहीं, वह आरोग्य के लिए भी अत्यन्त घातक है। अधिकांश लोग मेरे

> इस मत से सहमत होंगे। जब से शराब के अड्डे शहर में खुले हैं, तब से शराबखोरी इतनी बढ़ गई कि इसने कई घरों का पूर्णत: सत्यानाश कर दिया। अब यह दुर्गुण इस शहर की आदत में शुमार हो गया है। मैं नगरपालिका को यह सूचना देता हूँ कि वह नये परवाने न दे और शराब के इन अड्डों से वे समाज का जितना नुकसान करते हैं, उस हिसाब से टैक्स वसूल करें।

जोतिबा के इस पत्र से काफी खलबली मची। जिलाधिकारी रिचे ने जाँच-पड़ताल की। लेकिन अड्डों की संख्या कम न हो सकी, क्योंकि उसका मत था शराब के अड्डों की संख्या बढ़ाने से समाज में शराब पीने की आदत बढ़ेगी, ऐसा नहीं कहा जा सकता।

हंटर कमीशन

हिन्दुस्तान की शिक्षा-व्यवस्था के सन्दर्भ में विचार करने के लिए सरकार ने 1882 में सर विलियम हंटर की अध्यक्षता में एक कमीशन नियुक्त किया। यह 'हंटर कमीशन' पूरे देश-भर में घूमकर विविध व्यक्तियों से बातचीत कर सामग्री इकट्ठा कर रहा था। हर प्रान्त में एक समिति बनाई गई थी जो कमीशन को आवश्यक जानकारी दे रही थी। 19 अक्टूबर, 1882 को जोतिबा ने इस हंटर कमीशन के सामने शिक्षा-नीति विषयक अपना लिखित अभिमत प्रस्तुत किया। जोतिबा ने अपने प्रतिवेदन में कहा था—

> सरकार यह सपना देख रही है कि उच्च वर्ग के लोग निम्न लोगों के वर्ग में शिक्षा का प्रचार करेंगे। इस सपने की पूर्ति के लिए ही वह गरीब किसानों से जो पैसा इकट्ठा करती है इसे उच्च वर्ग की शिक्षा पर खर्च कर डालती है। विश्वविद्यालय भी अमीरों के लड़कों को पढ़ाते हैं और उनकी भौतिक उन्नति में सहायक बनते हैं। लेकिन विश्वविद्यालयों से निकले हुए इन सुशिक्षितों ने अपने देशबन्धुओं की उन्नति के लिए कुछ नहीं किया है।

जोतिबा ने स्पष्टता से यह कहा कि,

> सरकार निम्न वर्ग को शिक्षा देने के बारे में उदासीन है। उन्हें इस बात पर भी भरोसा नहीं था कि शिक्षा और संस्कृति उच्च वर्ग से निम्न वर्गों तक रिसती चली आएगी। क्योंकि सभी उच्च पदों पर ब्राह्मणों का अधिकार था। वे पीढ़ियों से यह अधिकार भोग रहे थे और पीढ़ियों तक इसे भोगना भी चाहते थे। औरों को ऊपर आने की राह भला वे क्यों खोलेंगे?

ग्रामीण क्षेत्र के लिए स्वतंत्र शिक्षा-व्यवस्था हो, इतिहास, भूगोल, व्याकरण, हिसाब-किताब के साथ-साथ उसमें खेती करने का प्रारम्भिक ज्ञान भी दिया जाए; वर्तमान शिक्षा-पद्धति निकम्मी है और देहाती जनता के लिए उसका कोई उपयोग नहीं, इन बातों को भी जोतिबा ने सप्रमाण सिद्ध किया था।

जोतिबा के शिक्षा-विषयक विचारों पर गम्भीरतापूर्वक अमल होता तो जीविकाभिमुख शिक्षा-व्यवस्था की ओर हम कब के मुड़ चुके होते।

एक घटना इस सन्दर्भ में ध्यान देने योग्य है। हिन्दुस्तान के वॉयसराय लॉर्ड लिटन पूना आनेवाले थे। नगरपालिका अध्यक्ष ने यह तय किया कि उनके स्वागत में पूना शहर सजाएँगे। एक हजार रुपया खर्च करना भी तय हुआ। कुछ सदस्यों ने इस खर्च को सम्मति दी, कुछ तटस्थ रहे। लेकिन अकेले जोतिबा ने इस बात का विरोध किया। उनका मत था—

> हमारे जैसे गरीब देश को केवल शहर सजाने के लिए इतना पैसा खर्च करना शोभा नहीं देता। अच्छा हो कि यह रकम पिछड़े हुए वर्गों की शिक्षा पर खर्च की जाए।

जोतिबा की जनताभिमुखता कितनी सजग थी! जुलाई 1883 में जोतिबा ने अपना बहुचर्चित ग्रन्थ 'किसान का कोड़ा' पूरा किया। किसानों की दुर्दशा का मुख्य कारण इस ग्रन्थ के उपोद्घात में लिखा गया है—

विद्या बिना मति गई। मति बिना नीति गई।
नीति बिना गति गई। गति बिना वित्त गया।
वित्त बिना शूद्र गए। इतने अनर्थ, एक अविद्या ने किये।

19वीं सदी के अन्त में किसानों की क्या स्थिति थी, और उसके कारण क्या थे, इसकी तीखी चर्चा इस ग्रन्थ में है।

1883 में ही उन्होंने 'सत्सार' नामक एक छोटी किताब लिखी। हिन्दू धर्म के दोषों की चर्चा करते हुए उन्होंने पंडित रमाबाई के क्रिश्चियन धर्म स्वीकार करने की और ब्राह्मणों को उन्हें अपने धर्म में न रख सकने के प्रयत्नों की जमकर खबर ली थी।

अप्रैल 1884 को जोतिबा के सच्चे मित्र श्री सदाशिवराव गोवंडे की मृत्यु हुई। जोतिबा के हर कार्य में उनका सहयोग होता था। निर्भय वृत्ति के कारण वे समाज में सम्मान की दृष्टि से देखे जाते थे। दुर्भाग्य इतना ही है कि इस अनाम और प्रामाणिक समाज सेवक की सेवा की कोई पहचान समाज ने नहीं रखी।

ओतुर गाँव के श्री बालाजी कुसाजी पाटिल नामक किसान ने अपने पुत्र के विवाह में गाँव के पुरोहितों को निमंत्रित नहीं किया। पुरोहितों ने यह कहकर कोर्ट में दावा दाखिल किया कि—

> हम यहाँ के पीढ़ी पुश्तैनी पुरोहित हैं। विवाह कार्य करवा देना, तत्सम्बन्धी संस्कार वर-वधू को देना तथा सारे धार्मिक कृत्य करना हमारा अधिकार है। हम इसके लिए तैयार भी थे, लेकिन बालाजी पाटिल ने अपनी जाति के पुरोहितों को बुलाकर विवाह करवाया। यह हमारा अपमान है। वे हमें हमारा अधिकार और दक्षिणा दोनों प्रदान करें।

पूना के ब्राह्मण ओतुर के ब्राह्मणों के पक्ष में और बालाजी पाटिल के खिलाफ खड़े हो गए।

बालाजी ने अन्त में जोतिबा की शरण ली। जोतिबा ने उनकी सर्वोपरि मदद की। पूना के न्यायाधीश ने बालाजी के पक्ष में न्याय दिया तो ब्राह्मण वर्ग बम्बई के सर्वोच्च न्यायालय में पहुँच गया। सारे महाराष्ट्र में इस मुकदमे की प्रचंड चर्चा रही। पूना में ब्राह्मण एक ओर तो गैर-ब्राह्मण दूसरी ओर हो गए। जोतिबा ने गैर-ब्राह्मणों का नेतृत्व बड़ी जिम्मेदारी और हिम्मत के साथ किया। बहुत बाद में जनवरी 1790 में सर्वोच्च न्यायालय ने बालाजी पाटिल के पक्ष में अपना निर्णय दिया।

सत्यशोधक समाज का आन्दोलन अब महाराष्ट्र के गाँव-गाँव में पहुँच गया था। अप्रैल 1887 को पूना में सत्यशोधक समाज की शोभायात्रा आयोजित की गई। यह

सनातनियों के गढ़ पर सीधा हमला था। पूरे महाराष्ट्र से हजारों कार्यकर्ता जुलूस में आए थे। जोतिबा के साथ रामय्या व्यंकय्या, आय्यावारू, महादेव गोविन्द रानडे, कृष्णराव भालेकर, डॉ. सदोबा गावडे आदि अनेक जेष्ठ-श्रेष्ठ कार्यकर्ता थे।

सत्यशोधक समाज की बढ़ती ताकत और जनप्रियता को तब पूरी नगरी ने देखा, अनुभव किया।

जून 1885 में जोतिबा ने 'इशारा' नामक एक छोटी पुस्तिका लिखी। 'इशारा' न्यायमूर्ति माधवराव रानडे जी के इस कथन के "30 सालों पहले किसानों की जो हालत थी उससे वे आज अच्छी हालत में हैं तथा जातिभेद के कारण राष्ट्र के विकास में कोई बाधा नहीं पहुँची" विरोध में लिखी गई थी।

1885 में ही उन्होंने 'अछूतों की कैफियत' नामक और एक पुस्तक लिखी।

किसानों के पक्ष में

जुन्नर क्षेत्र के किसानों ने सरकार में एक अर्जी दाखिल कर यह कहा कि यहाँ के साहूकारों और जमींदारों से हमें बचाया जाए। वहाँ के अधिकांश साहूकार और जमींदार ब्राह्मण थे। वे अलग-अलग ढंग से गरीब किसानों, मजदूरों और जरूरतमन्दों को लूटा करते थे।

सरकार ने जब उनकी प्रार्थना पर कोई ध्यान नहीं दिया तब साल-भर किसानों ने जमीन परती रखी। हल चलाना बन्द! जमीन जोतना बन्द!! जोतिबा किसानों के नेता थे और वे झुकना तो जानते नहीं थे। अन्तत: जमींदार साहूकार, सरकारी अफसर, और जोतिबा में सुलह हुई। सरकार को एक 'एग्रिकल्चर ऐक्ट' पास करना पड़ा।

लो. तिलक और न्यायमूर्ति रानडे जैसे नेता इस आन्दोलन में साहूकारों के पक्ष में थे। 'इन्दुप्रकाश' जैसा समाचार-पत्र जमींदारों का पक्ष लेकर जोतिबा पर आग बरसा रहा था, लेकिन जीत अन्तत: सत्यप्रिय जोतिबा की ही हुई। वे किसानों के सच्चे हमदर्द थे।

घर से बाहर निकलने के बाद जोतिबा फिर वापस अपने पिता के पास नहीं गए। समाज सेवा का व्रत निभाते हुए उन्होंने अपनी जीविका चलाने के लिए

छोटे-बड़े उद्योग किए। कभी ठेकेदारी की, कभी सब्जियाँ बेचीं, कभी खेती की। समाज के पैसों के बल पर नेतागीरी करने का न वह जमाना था, न तब के नेता ऐसे परोपजीवी नेतृत्व के बारे में सोच ही सकते थे। सावित्री ने हर काम में जोतिबा का पूरा-पूरा साथ दिया था।

पूना के गंजपेठ में केसोपन्त सिन्दी के मकान में काशीबाई नाम की एक युवती ब्राह्मण-विधवा रहती थी। उसे किसी ने गलत राह पर उतार दिया। गर्भवती काशीबाई आत्महत्या करने जा रही थी, लेकिन जोतिबा और सावित्री ने उसे बचा लिया। इस काशी को जो पुत्र हुआ उसका पालन-पोषण सावित्री ने माँ बनकर किया। नामकरण समारम्भ कर उसका नाम उन्होंने 'यशवन्त' रखा। जोतिबा को अपनी कोई सन्तान नहीं थी। यशवन्त को ही उन्होंने अपना पुत्र मानकर उसे गोद ले लिया। 10 जुलाई, 1887 को जोतिबा ने अपनी वसीयत बनाई और उसमें विधिवत यशवन्त को पुत्र के सारे अधिकार दे दिये। जीवन के लगभग 40 वर्ष उन्होंने शूद्रातिशूद्रों के लिए तिल-तिल कर काटे थे। लेकिन अब उन्हें कुछ थकान-सी महसूस होने लगी थी।

2 मार्च, 1888 को पूना में श्री हरि रावजी चिपलुणकर जी ने ड्यूक और डचेस ऑफ कनॉट के सम्मान में बड़ा भोज दिया। श्री हरि रावजी के मित्र के नाते जोतिबा को भी समारोह में निमंत्रित किया गया। समाज के बड़े-बड़े धनवानों, अफसरों, व्यापारियों और राजा-महाराजाओं के साथ जोतिबा माथे पर पगड़ी, काँधे पर कम्बल, धोती, बाराबन्दी, डंडा और फटी-पुरानी चप्पल से लैस अपनी परम्परागत पोशाक में उपस्थित थे।

उन्हें जब बोलने के लिए कहा गया तो बिना किसी रोक-टोक के सीधे ही ड्यूक को सम्बोधित कर उन्होंने कहना शुरू किया—

> यहाँ उपस्थित मेहमानों के बहुमूल्य कपड़ों और उन पर चमचमाते हीरों को देखकर यह मत समझना कि हिन्दुस्तान बड़ा सुखी और समृद्ध देश है। सच्चाई कुछ अलग है। ये सोने-चाँदी के गहनों से लदे और सुगन्धित वस्त्र पहने हुए अमीर लोग इस देश की जनता के सच्चे प्रतीक नहीं हैं। यहाँ के अधिकांश किसानों के ये प्रतिनिधि नहीं हो सकते। सच्चा

हिन्दुस्तान देहातों में है। वहाँ के लोग निर्धन, भूखे, नंगे, बेघर रहते हैं। नंगे पैर ही चलते हैं।...

...अगर राजकुमार सच्चा हिन्दुस्तान ही देखना चाहते हैं, तो वे पास-पड़ोस के देहातों में जाएँ, वहाँ की अज्ञानी जनता की भीषण दरिद्रता को प्रत्यक्ष देखें। अछूतों की झुग्गी-झोंपड़ियों में भी आप जाएँ और यह देखें कि कूड़े-करकट से भी बदतर हालत में उनकी बस्तियाँ कैसे जी रही हैं।...

...यह सब प्रत्यक्ष देखकर राजकुमार और उनकी पत्नी जाकर महारानी विक्टोरिया को यह कहें कि हिन्दुस्तान की गरीब जनता दरिद्रता की खाई में पड़ी सड़ रही है। उसे अपने उद्धार के लिए शिक्षा की अत्यन्त आवश्यकता है।

उपस्थित सभी लोग, राजपुत्र और उनकी पत्नी जोतिबा की यह स्पष्टोक्ति सुनकर अवाक रह गए। बहुत वर्षों बाद ठीक यही और ऐसा ही काम महात्मा गांधी जी ने जूनागढ़ के राजा-महाराजाओं की सभा में किया था।

महात्मा जोतिबा

जोतिबा की आयु के साठ साल पूरे हो रहे थे। उन्हें माननेवाली जनता ने यह तय किया कि उनका एक भव्य-नागरिक अभिनन्दन किया जाए। 11 मई, 1888 को मांडवी के कोलीवाड़ा सभागृह में दोपहर एक बजे यह समारोह शुरू हुआ और घंटों तक चलता रहा। अधनंगे, फटे-पुराने कपड़े पहने, अज्ञानी, अशिक्षित लोगों का प्रचंड मेला सभा स्थान को चारों ओर से घेरकर खड़ा था। जीवन-भर गरीबों की भलाई के लिए संघर्ष करनेवाले उस साहसी, त्यागी और सच्चे नेता को जनता श्रद्धा, विश्वास और आदर से निहार रही थी। सैकड़ों की आँखों में पानी झलक रहा था। उपस्थितों ने कृतज्ञतापूर्वक जोतिबा की अपरम्पार प्रशंसा की और सम्मान के साथ उन्हें 'महात्मा' पदवी से विभूषित किया। जनता के द्वारा अपने प्रिय नेता को स्वयं स्फूर्ति से दिया गया अनुपम उपहार...'महात्मा'।

जोतिबा का मानस पुत्र

यशवन्त पढ़-लिखकर डॉक्टर हुआ। अचरज की बात तो यह थी कि जोतिबा का इस तरह यशवन्त को गोद लेना, पढ़ाना, उन्हीं की जाति के लोगों को पसन्द नहीं आया! माली समाज ने उनका बहिष्कार किया। कई वर्षों तक यह बहिष्कार चलता रहा। फूलमाली जाति में वंश-परम्पराओं को लिखकर रखने की प्रथा है। आज भी उस सूची में शायद यशवन्त फुले का नाम नहीं है!!

ब्राह्मण विधवा के इस गोद लिये पुत्र का विवाह हो तो कैसे हो? जोतिबा और सावित्री दोनों को इसकी बहुत चिन्ता थी। लेकिन सौभाग्य से हड़पसर में रहनेवाले उन्हीं के जाति के ग्यानबा कृष्ण ससाणे ने अपनी कन्या राधा का (लक्ष्मी) विवाह यशवन्त से कर दिया। 4 फरवरी, 1889 को सत्यशोधक पद्धति से विवाह सम्पन्न हुआ।

जोतिबा अपनी बहू की पढ़ाई-लिखाई पर खुद ध्यान देते थे।

1890 के प्रारम्भ में उन्हें लकवा मार गया। उस अवस्था में भी बाएँ हाथ से उन्होंने 'सार्वजनिक सत्यधर्म' नामक पुस्तक लिखी जो उनकी मृत्यु के एक वर्ष बाद प्रकाशित हुई।

28 नवम्बर, 1890 को भारत के इस महापुरुष की मृत्यु हुई।

पूरा महाराष्ट्र शोकसागर में डूब गया।

दलितों, गरीबों, और अछूतों का मसीहा उन्हें छोड़कर चला गया था। उनकी ओर से हर अन्याय के खिलाफ लड़ने वाली 'ज्योति' बुझ गई थी।

मामा परमानन्द और मित्रों की कोशिश सफल हुई। सयाजी महाराज ने सावित्रीबाई और यशवन्त की बड़ी सहायता की। यशवन्त ने कुछ समय तक सेना में डॉक्टरी की। 1897 में पूना में फैली भयंकर महामारी में सावित्रीबाई और यशवन्त दोनों की मृत्यु हो गई।

धार्मिक दृष्टिकोण

मराठा साम्राज्य का सूरज ढला सन् 1802 में। दूसरे बाजीराव ने अपनी लम्पटता और नादानी के कारण सरजा शिवाजी का भव्य सपना धूल में मिला दिया। कई दृष्टियों से दूसरे वाजीराव का राज्यकाल पूर्ववर्ती राजाओं से भिन्न था।

शिवाजी और शाहू के राज्यकाल से उत्तर पेशवाई के अलगाव का एक और भी सर्वसामान्य स्वरूप है। उस समय सिपहसालार और सेना के अधिकारियों के पदों पर ब्राह्मणों का वर्चस्व अधिक था। मराठों की राजधानी सतारा से पूना आने के बाद सन् 1760 के उपरान्त यह स्पष्टत: दिखाई देता है कि मैदान मारनेवाले और नाम कमाने वाले लश्करी सरदारों में मुख्यत: ब्राह्मण ही थे। प्रभु, शेणवी इत्यादि मध्यवर्गीय अन्य गैर-ब्राह्मण जातियों का पूना दरबार में टिक पाना मुश्किल हो गया।

शिवाजी, राजाराम और शाहू के जमाने में समाज के सारे वर्ग को एकता के सूत्र में बाँधे रखने पर विशेष ध्यान रखा जाता था। लेकिन उत्तर पेशवाई युग में ब्राह्मण यह महसूस करने लगे कि वे सचमुच राजा हैं। उन्हें कई सहूलियतें मिलने लगीं। कानून के बन्धन उनके लिए शिथिल हो गए। पेशवाओं के दरबार में कोंकणस्थ ब्राह्मणों की मुँहजोरी तो हद से ज्यादा बढ़ गई थी।

सरकार ब्राह्मणों के दान-धर्म के लिए सरकारी खजाने से धन लुटाती थी। ज्ञान हो या न हो, ब्राह्मणों के लिए भरपूर दक्षिणा और भरपेट भोजन की व्यवस्था सरकार ने की थी। पूना शहर ब्राह्मण भिखारियों का सबसे बड़ा अड्डा बन गया था। तीस-चालीस हजार ब्राह्मण महीनों तक पंचपक्वान्नों का भोजन उड़ाया करते थे। 18वीं सदी के अन्त में ब्राह्मणों का वर्चस्व अपनी चरम सीमा पर पहुँच गया और उसी ने मराठा साम्राज्य को अवनति के रास्ते पर ढकेल दिया।[1]

माउंट स्टुअर्ड एलफिंस्टन दस साल तक पेशवाओं के दरबार में अंग्रेजों का वकील था। चितपावन ब्राह्मणों की पेशवा दरबार में कितनी धाक थी, इसे उसने स्वयं देखा था। उसकी यह मान्यता थी कि जब तक हिन्दू धर्म पर ब्राह्मणों की पकड़ रहेगी, तब तक उसके विकास की कोई सम्भावना नहीं। हिन्दू धर्म का व्यवहार असंस्कृत और जंगली मूल्यों पर आधारित है। "कायदे-कानून और नीति-नियमों के बारे में इस देश के लोग यूरोपियनों की तुलना में बहुत पीछे हैं। इसका कारण उनकी (ब्राह्मणों की) हिन्दू धर्म पर होनेवाली पकड़ है।"[2]

बाजीराव के समय में धर्म के नाम पर स्वैराचार के अलावा और शायद कोई बात नहीं थी। खुद बाजीराव एक ओर स्त्री-देह के आकर्षण में डूबा हुआ था, तो दूसरी ओर मेहनतकश जनता का पैसा ब्राह्मणों को दान देने में और उन्हें खिलाने-पिलाने में पानी की तरह बहाना उसे पुण्य कर्म लगता था।

राजसत्ता और धर्मसत्ता जब मिलकर समाज को लूटते हैं तब समाज की सारी व्यवस्था ही गड्डमड्ड हो जाती है। पेशवाई के उत्तरकाल में ठीक यही हुआ। दोनों महासत्ताओं की अपरम्पार लूट के आखिरी शिकार थे—शूद्रातिशूद्र और महिलाएँ।

पेशवाई के अन्त के आठ-नौ सालों बाद जोतिबा का जन्म हुआ था और उनके यौवन-काल तक पेशवाई पर उस समाज-व्यवस्था का काफी असर था जो दूसरे बाजीराव के समय में थी। अभी भी जीवन की सारी इकाइयों पर ब्राह्मणों का वर्चस्व था। धर्म से सद्भाव और सद्व्यवहार की छायाएँ उठ गई थीं और अधिकांश लोगों ने उसे पेट पालने का धन्धा बना लिया था। धर्म के नाम पर जो अनाचार फैला था उस पर जोतिबा बाज की तरह टूट पड़े थे। प्रस्थापित धर्मों से अलग एक स्वतंत्र धर्म-व्यवस्था की कल्पना उन्होंने अपने 'सार्वजनिक सत्य धर्म' नामक ग्रन्थ में विस्तारपूर्वक की है।

निर्मिक

जोतिबा आस्तिक थे और ईश्वर के अस्तित्व में विश्वास भी करते थे। लेकिन उनकी ईश्वर विषयक कल्पना पूर्णत: निर्गुण, निराकार थी। ठीक कबीर जैसी। वे एकेश्वरवादी थे। वे मानते थे कि अनन्त सूर्यमंडल और ग्रहोपग्रहों सहित समस्त

प्राणिमात्र का निर्माण करनेवाली कोई एक शक्ति है। उन्होंने ईश्वर को एक नया नाम दिया था—'निर्मिक'।[3] यह निर्मिक दयाधन है। उसने किसी मनुष्य को ऊँच या किसी को नीच नहीं बनाया। उसकी खोज करना व्यर्थ है, क्योंकि वह अनन्त है और हमारा जीवन अत्यन्त अल्प तथा क्षण-भंगुर है। भले ही उस 'निर्मिक' ने मनुष्य को सभी प्राणियों में श्रेष्ठ बनाया हो, किन्तु अपनी श्रेष्ठ बुद्धि के बल पर भी मनुष्य उस 'निर्मिक' की अपरम्पार शक्ति को समझ नहीं सकता।

"मानवाचे धर्म नसावे अनेक। निर्मिक तो एक। जोसी म्हणे" "अनन्त सूर्य मंडल सहित उसके ग्रहोपग्रह और हमारी पृथ्वी के प्राणियों सहित पशु, पक्षी, वृथ इत्यादि का जिसने निर्माण किया, वह कर्मा कहाँ है, कैसा है...इसे देखने की इच्छा हम तुच्छ मानव न करें, क्योंकि हमारी पृथ्वी के अत्यन्त निकट ग्रहों पर क्या है इसे जानने तक की ताकत हमारे पास नहीं है।...उस महा पवित्र, देदीप्यमान और तेजोमय 'निर्मिक' के तेज के आगे खड़े होकर क्या हम उसका दर्शन कर सकेंगे? हम सभी कामों में अधूरे, पंगु, ज्ञानहीन और सारे दुर्गुणों में निपुण हैं, तथा हमारा घड़ी-भर का भरोसा नहीं है।"[4]

जोतिबा बुद्धिवादी थे। लेकिन वे यह मानते थे कि उस 'निर्मिक' के सत्य-स्वरूप का बौद्धिक आकलन मनुष्य के लिए सम्भव नहीं। वह करुणा का सागर है। उसे पाने के लिए पूजा, पाठ, नाम-स्मरण की भी कोई आवश्यकता नहीं। नम्रतापूर्वक उसे प्रणिपात करना ही काफी है।

उसका अस्तित्व, अनादि, अनन्त, निराकार है। इसलिए न वह कोई अवतार धारण करता है, न जन्म लेता है, न मृत्यु पाता है।

ईश्वर की संकल्पना मान्य करनेवाले जोतिबा पुनर्जन्म, दैववाद, स्वर्ग, नरक इत्यादि बातों को कतई नहीं मानते थे। मनुष्य का निर्माण ईश्वर ने अवश्य किया, लेकिन वह समदर्शी है, उसके लिए मानव-मानव में कोई भेद नहीं, ऐसा कहकर वे ऊँच-नीच की मान्यता की जड़ ही काट देते हैं। ईश्वर-पुत्र मानव अपने कर्मों का निर्माण स्वयं है, ईश्वर नहीं, इस बात को वे स्पष्टतः कहते हैं। उनका ईश्वर केवल सत्यरूप है।

ईश्वर को माननेवालों में भी ईश्वर के स्वरूप के बारे में एकवाक्यता नहीं है। भारत के द्वैतवादी वैष्णव यह मानते हैं कि ईश्वर इस जगत से अलग है, उसका

प्रेरक है। लगभग सारे एकेश्वरवादी यह मानते हैं कि ईश्वर ने सृष्टि का निर्माण शून्य से किया। उसकी इच्छा के कारण विश्व की निर्मिति हुई। शैद-दर्शन माननेवाले और स्पिनोज़ा जैसे पाश्चात्य दार्शनिक यह मानते हैं कि ईश्वर ने इस जगत का निर्माण अपने भीतर से किया है, वह स्वयं ही विश्वरूप बन गया। रामानुज, नीलकंठाचार्य इत्यादि विशिष्टाद्वैती मानते हैं कि यह व्यक्त और जड़ विश्व अव्यक्त और जड़ (अचित) द्रव्य से ही बना है और परमात्मा ही उस मूल से जड़ द्रव्य का नित्य आश्रय है। आद्य शंकराचार्य आदि मायावादियों के अनुसार ईश्वरी सत्ता परिपूर्ण है और विश्व एक आभास मात्र है। प्लेटो, हेगेल, वर्कले, जैसे आइडियालिस्टों के अनुसार यह सारा विश्व परमात्मा के विचारों का साकार तथा व्यवस्थित रूप है, तथा गूढ़वादी यह मानते हैं कि जगत की सत्ता ईश्वर पर ही निर्भर करती है, लेकिन ईश्वर और जगत के सम्बन्धों का स्वरूप गूढ़ तथा अनाकलनीय है।

जोतिबा की मान्यता इन सबसे किंचित भिन्न है। उनका ईश्वर 'रूप, रेख, गुन, जाति, जुगति बिनु' है। उसका कोई व्यक्ति रूप नहीं, वह एक तत्त्व मात्र है। लेकिन यह तत्त्व 'मानवी मूल्यों का अधिष्ठाता' है। सर्वोपरि है, सबका निर्माता है। जोतिबा की दृष्टि में मानव की सेवा और मानवों की समता स्वातंत्र्य की रक्षा ही सच्ची ईश्वर पूजा है।

जोतिबा कोई विद्वान, धर्मपंडित या दार्शनिक नहीं बनना चाहते थे। ईश्वर की खोज, उसका स्वरूप या जगत से उसका क्या सम्बन्ध है, यह सिद्ध करना उनका काम नहीं था। उन्हें तो उस ईश्वर की कल्पना करनी थी जिसके नाम पर सत्ताधारी और धर्ममार्तंड दोनों समाज को लूट न सकें और संसार में मानव-निर्मित विषमता के गढ़ निर्माण न हो सकें।

ईश्वर की कल्पना मनुष्य निर्मित है, उस तरह धर्म की कल्पना भी मनुष्य निर्मित ही है। बिना ईश्वर की कल्पना के धर्म की संकल्पना पूरी नहीं होती। ईश्वर की कल्पना ही धर्म संकल्पना की नींव है।

धर्म मानवी संस्कृति की प्रबलतम संस्था रही है। युगों से उसका अस्तित्व विश्व के विभिन्न मानव-समूहों में, विभिन्न रूपों में रहा है और आज भी है। भूतकाल तथा वर्तमानकाल में ऐसा कोई मानव-समूह दिखाई नहीं देता जो पूर्णत: धर्महीन रहा हो।

धर्म ने मानवों में दो प्रकार के सम्बन्धों का निर्माण किया। एक मनुष्य का सृष्टि से सम्बन्ध और दूसरा मनुष्य का मनुष्य से सम्बन्ध। इन दो सम्बन्धों के बल पर मनुष्य का सारा जीवन साकार हुआ और मानवी संस्कृति के मुख्य आधार भी ये दो सम्बन्ध ही रहे।[5]

जोतिबा के धर्मचिन्तन की धुरी मनुष्य का मनुष्य से होनेवाला सम्बन्ध है। वे विधर्मी नहीं थे। यह सत्य है कि कभी-कभार उन्होंने हिन्दू धर्म का त्यागकर अन्य धर्म अपनाने की बात कही। पुरोहितशाही पर, हिन्दू धर्म पर उन्होंने बहुत तीखे हमले किये। लेकिन धर्मसंस्था को पूरे तौर पर कभी नहीं नकारा।

वे हिन्दू धर्म का तीव्र विरोध क्यों करते थे, इसे समझ लेना चाहिए। धर्म या धर्मग्रन्थों को जोतिबा ईश्वर प्रणीत नहीं मानते। वे मनुष्य निर्मित हैं और मनुष्यता की भलाई के लिए हैं। लेकिन देखा यह गया कि धर्म और धर्मग्रन्थों को ईश्वर प्रणीत बताकर हजारों वर्षों तक उच्च वर्ग निम्न वर्गों का शोषण करता आया। स्वार्थान्धता के कारण राजसत्ता और धर्मसत्ता दोनों ने मिलकर धर्म की मूल उदात्त, व्यापक संकल्पना को अत्यन्त संकुचित बना दिया। जोतिबा की लड़ाई धर्म के इसी संकुचित रूप के साथ थी।

हिन्दू धर्म सनातन धर्म है। वह यह मानता आया कि जगत की स्थिरता, अभ्युदय, और परम मोक्ष का एकमात्र साधन धर्म ही है। किसी समय यहाँ धर्म की विवेकवादी मीमांसा हुआ करती थी और अन्ध ग्रन्थ प्रामाण्य या शास्त्र प्रामाण्य न के बराबर था। सभी मानवों को समान मानते हुए ऋग्वेद (10.191) मंत्र का उच्चारण कर रहे थे, जिसका अर्थ है—

> तुम सभी का अभिप्राय एक हो, अन्तःकरण एक हो, मन भी तुम्हारे समान हों, जिसके द्वारा तुम्हारा सुसाह्य अर्थात् तुम्हारी संघशक्ति बलवती होगी।

लेकिन ब्राह्मण ग्रन्थों की रचना के बाद यह स्थिति नहीं रही "उसमें यज्ञ-भाग आदि के इतने बाह्य आडम्बर कर्मकांड के नाम पर खड़े कर दिये गए कि उसकी भूलभुलैया में वेदों में वर्णित ऐश्वर्य, आकांक्षा तथा रसमय चैतन्यपूर्ण जीवन का लोप हो गया। कर्मकांड के समान दूसरी अनर्थकारी प्रवृत्ति है, अर्थ को छोड़कर शब्दों का महत्त्व आँकने की।

मीमांसकों ने इस विनाशकारी प्रवृत्ति को चरम सीमा पर पहुँचा दिया।"[6]

तैत्तिरीय ब्राह्मण, महाभारत, मनुस्मृति, वशिष्ठ स्मृति, धर्मसूत्र, विष्णु धर्मसूत्र, पराशर स्मृति जैसे ग्रन्थों में ब्राह्मणों की अभूतपूर्व स्तुति गाई गई। चातुर्वर्ण्य का प्रभाव बढ़ा। मनुष्य की प्रतिष्ठा उसके गुणकर्म के आधार पर नहीं, उसके जन्म के आधार पर तथा वर्ण और जाति के आधार पर मानी जाने लगी।

ब्राह्मण जन्मतः ही श्रेष्ठ माने जाने लगे। पुराणों ने इस बात पर बल दिया और रघुनन्दन के 'शुद्धि तत्त्व' (16वीं सदी), कमलाकर भट्ट के 'शूद्र कमलाकरात' (17वीं सदी), नागेशभट्ट के 'व्रात्यताप्रायम्बित निर्णय' (17वीं सदी) आदि ग्रन्थों ने तो "कलियुग में ब्राह्मण और शूद्र यह दो ही वर्ण हैं"[7] कहकर विषमता की हद कर दी। कर्म विपाक के सिद्धान्त ने धार्मिक दोषों की खुली चर्चा करने का रास्ता ही बन्द कर दिया। वर्णव्यवस्था और जातिभेद दोनों पूर्वजन्म में किये गए कर्मों या ईश्वरी इच्छा के परिणाम हैं। यह बात बार-बार कही गई और समाज के मन पर उसका अमिट असर पड़ा। शूद्रों और स्त्रियों को सबसे अधिक हेय तथा तिरस्करणीय माना गया।

यह सब हुआ ब्राह्मणों के कारण!!

जोतिबा ने धर्म की इन विकृत मान्यताओं पर हमला किया। उनकी यह मान्यता थी कि ईरानी आर्य भट्ट या ब्राह्मण बाहर से इस देश ब्रलिस्थान में आए और उन्होंने यहाँ के मूल निवासियों को पाताल (अमेरिका) में खदेड़ दिया। जो बाकी बचे थे उन्हें शूद्र, अतिशूद्र, दस्यु इत्यादि उपहासास्पद नाम देकर हमेशा-हमेशा के लिए दास बना डाला।[8]

इस परम्परागत दासत्व से उनकी मुक्ति करनी हो तो सबसे पहले उस ब्राह्मणी धर्म परम्पराओं की जड़ें काटनी होंगी जो इस दासत्व की जननी है। इन परम्परागत रूढ़ियों को ही लोग धर्म मानते थे और ऐसे धर्म में कर्मकांड का बोलबाला था, इसलिए जोतिबा ने एक स्वतंत्र धर्ममार्ग की रचना की। उसका नाम था 'सार्वजनिक सत्यधर्म'।

सत्य सभी धर्मों का मैका है

मनुष्य अगर सत्य के अनुसार चलेगा तो ही सुखी होगा। सुखी होने का इसके अलावा दूसरा कोई मार्ग नहीं है।[9] सत्य सभी का आदि स्थान है। सभी धर्मों का

मैका। सारे सुखों का मुख्य आधार भी वही और सारे क्षेत्रों के विनाश का मार्ग भी वही है। जोतिबा का निश्चित मत था।

सत्य ही ईश्वर है। उसकी प्राप्ति के लिए केवल निष्ठा चाहिए। किसी नाम-स्मरण, पूजापाठ, अनुष्ठान या गुरु तक की आवश्यकता नहीं। अज्ञानी, दरिद्री जनों का स्वार्थी लोगों के चंगुल से उद्धार करनेवाले, परिश्रमी सत्पुरुषों का फूलमाला से सत्कार करना ही उस ईश्वर की पूजा करना है। मूर्तिपूजा ईश्वरोपासना का मार्ग है ही नहीं और गुरु ईश्वर का मार्ग बता नहीं सकता।

नाम-स्मरण की आवश्यकता क्या?

जिसने हमें निर्माण किया है, वह हमारी पूरी खबर रखती ही है। उसके नाम-स्मरण के नाम पर निकम्मे बैठे रहना, उसका नाम लेने के नाम पर अज्ञानी जनों को लूटना सर्वथा हेय और त्याज्य है। उस 'निर्मिक' को इन बातों से कोई सन्तोष नहीं होगा। इससे तो अच्छा यही है कि उसके अस्तित्व का मन में सदा विश्वास (भय?) रखे और अन्य लोगों के साथ बिना कोई बदमाशी किए सीधा, सरल, सात्त्विक आचरण करें। उस परम सत्ता के नाम का इसी में सम्मान है।"[10]

न स्वर्ग न नरक, न शुभ न अशुभ

न स्वर्ग नाम की कोई वस्तु है—न नर्क नाम की। कोई मनुष्य आज तक स्वर्ग देखकर न वापस लौटा, न नर्क देखकर। ये दोनों केवल कल्पनाएँ मात्र हैं। पाप और पुण्य का विचार भी इसी तरह अलग ढंग से करना चाहिए। अपनी सुखप्राप्ति के लिए अन्यों को कायिक या मानसिक पीड़ा न देना ही पुण्य है। स्वार्थ के लिए धर्म की आड़ लेकर औरों को धोखा देना, उनकी चीजें छीन लेना ही पाप है। ईश्वर ने शुभ-अशुभ, पवित्र-अपवित्र जैनी बातों का निर्माण नहीं किया।

यह तो मानव-मन का वह द्वन्द्व भाव है, जो ईश्वर की सृष्टि पर इस तरह का भेद थोपता रहता है। धर्म के क्षेत्र के दलाल मनुष्य की इसी कमजोरी का फायदा

उठाकर उसे लूटते रहते हैं।[11]—अनुष्ठान, जप-तप, नैवेद्य, अन्नदान यह सब लूटने के ही अलग-अलग मार्ग हैं।

धर्मग्रन्थ प्रमाण नहीं

धर्मग्रन्थों को प्रमाण मानने की पद्धति सभी धर्मों में है। लेकिन किसी धर्म का कोई भी ग्रन्थ ईश्वर निर्मित नहीं है। ये सारे ग्रन्थ मनुष्यों के द्वारा ही लिखे गए हैं। सभी ग्रन्थ विशिष्ट प्रसंगों की पृष्ठभूमि हैं और उनमें समदृष्टि का अभाव है। "इस पृथ्वी की पीठ पर मानवों ने जितने धर्मग्रन्थों का निर्माण किया उनमें से किसी भी ग्रन्थ में आदि से अन्त तक समान सार्वजनिक सत्य का प्रतिपादन नहीं है। इसका कारण यह है कि हर धर्मग्रन्थ में कुछ लोगों ने तत्कालीन स्थित्यिनुसार अड़ियलपन बताया। परिणामतः वे सभी धर्म मानवी प्राणियों के लिए हितकारक नहीं रहे। उनमें कई भेद निर्माण हुए और वे एक-दूसरे का अतीव द्वेष और तिरस्कार करने लगे।[12]

अगर ईश्वर को कोई धर्मग्रन्थ निर्माण ही करना था तो वह उसे दुनिया के सभी भाषा-भाषियों की समझ में आनेवाली भाषा बनाता। अलग-अलग धर्मों के लिए अलग-अलग ग्रन्थ वह क्यों बनाता?

सारे धर्मग्रन्थ इसलिए सर्वथा प्रमाण नहीं माने जा सकते। दूसरे, हर धर्म यह मानकर चलता है कि वही सर्वश्रेष्ठ है। परिणामतः धर्मो-धर्मों में अन्तहीन लड़ाइयाँ चलती हैं। इन लड़ाइयों में जो मरते हैं उन्हें हुतात्मा कहा जाता है।[13] 'निर्मिक' का धर्म तो एक ही है और वह है सत्यधर्म। फिर ये सारे झगड़े किसलिए?

सारे मानव समान

जिस तरह पशु-पक्षियों में कोई जातिभेद नहीं, उस तरह मानवों में भी कोई जातिभेद नहीं। वे सर्वथा समान हैं। "मानव, प्राणियों में गुणों के आधार पर जातिभेद तय नहीं किया जा सकेगा। क्योंकि कुछ लोग अपने बच्चों को उच्च शिक्षा देते हैं। मूलतः कुशाग्र बुद्धि होने के कारण वे बच्चे सद्गुणी तथा पारंगत बनकर बड़े-बड़े ओहदे सँभालते हैं। कुछ लोग अपने बच्चों को उच्च शिक्षा देने की हर कोशिश तो करते

हैं लेकिन जड़-बुद्धि होने के कारण वे बच्चे मूर्ख तथा दुर्गुणी बन जाते हैं और हर तरह के नीच काम करने के लिए प्रवृत्त होते हैं। तात्पर्य, सद्गुण या दुर्गुण वंश-परम्परागत स्वभाव नहीं है।"[14]

नीति भी सत्य ही है

जोतिबा नीति को सत्य से अलग नहीं मानते, और उनका सत्य मानव कल्याण के साथ अभिन्न रूप में जुड़ा हुआ है। "हम सभी को निर्माण करनेवाले निर्मिक को सन्तोष देने के लिए सार्वजनिक सत्य का भय मन में रखकर जो कोई, अन्य मनुष्यों के साथ सही बर्ताव करेगा उसे नीतिमान कहेंगे। फिर वह चाहे ख्रिस्ति हो, महमदी हो, सत्यशोधक समाजी हो, या गँवई, गँवार, अनाड़ी हो।"[15] जिन्होंने मानव-मानव में भेद किया, स्त्रियों को पुरुषों से कनिष्ठ और शूद्रों को ब्राह्मणों से नीच माना, उनकी नीति यथार्थ नीति नहीं। ब्राह्मणों ने युगों तक इस विकृत नीति का प्रयोग किया है। वे अपने लिए अलग परिमाण का उपयोग करते थे। आर्यों के अपने रामायण, भागवत, आदि ग्रन्थों में लिखी कितनी ही बातें सत्य नहीं हैं। आर्यों के धर्म में भट्ट ब्राह्मणों के अलावा और लोगों को नीति का समान उपयोग करने की कतई गुंजाइश नहीं।"[16]

सही नीति यह है कि मनुष्य बिना किसी को कष्ट दिये अपनी मेहनत की कमाई करें और औरों को निरन्तर सुख दें। श्रम-प्रतिष्ठा ही सबसे बड़ी प्रतिष्ठा है। वे लोग जो गोबरगणेश जैसे बैठे-ठाले धर्म के नाम पर अज्ञ जनों को लूटते रहते हैं, वे नीतिभ्रष्ट हैं।

इस सृष्टि के निर्माता ने सभी स्त्री-पुरुषों को जन्मत: स्वतंत्र और अनेक मानवी अधिकारों से सम्पन्न करके पैदा किया है। जो सत्यधर्म को मानता है उस व्यक्ति को चाहिए कि वह किसी के अधिकारों का हनन न करे, किसी पर किसी कारण से जोर-जबरदस्ती न करे।

इहवादी जीवन मार्ग

जोतिबा की सत्यधर्म विषयक उपर्युक्त मान्यताएँ पूर्णत: इहवादी हैं। उन्होंने किसी नये धर्म की स्थापना नहीं की। प्रस्थापित धर्मों में ही सुधार हो, सही अर्थ में वे

सर्वजन हितरक्षक बनें, ऐसा वे चाहते थे। हिन्दू समाज में व्याप्त विषमता का मुख्य कारण वेदशास्त्र पुराणों की हिन्दू धर्म द्वारा युगों-युगों से प्रचलित मान्यताएँ थीं। उन मान्यताओं का खंडन करना जोतिबा के लिए अनिवार्य था।

सत्यधर्म नास्तिक मत नहीं। आस्तिक इहवादी धर्ममत है। निर्माणकर्ता ईश्वर को माननेवाला, लेकिन तत्सम्बन्धी सभी कर्मकांड स्पष्टत: नकारनेवाला। वह एक ऐसा जीवनमार्ग है जो सभी मनुष्य-जाति का भला चाहता है। उस 'निर्मिक' ने हर व्यक्ति को कुछ मानवी अधिकार देकर पैदा किया है। इन मानवी अधिकारों का उपयोग करने में ही व्यक्ति का सुख समाया हुआ होता है। अत: हर व्यक्ति इन मानवी अधिकारों का निर्वेध उपभोग कर सके, इस तरह का बर्ताव करना यानी सत्यधर्म के अनुसार बर्ताव करना। जोतिबा के सामने भविष्य के मानव का सुखी, समाधानी, और समतापूर्ण जीवन है। वे परलोक का विचार नहीं करते, क्योंकि उनकी दृष्टि में परलोक है ही नहीं। मनुष्य सुख की प्राप्ति के लिए, यही उस 'निर्मिक' ने चाहा है। धन-धान्य, कन्दमूल, फल-फूल, पेड़-पौधे—सबका निर्माण सुख के साधनों के रूप में उसने किया है। इस सुख-प्राप्ति में कहीं पर भी, शोषण की, स्वार्थ की या अन्याय की गुंजाइश नहीं। सामाजिक न्याय और समतापूर्ण नीति इस सुख-प्राप्ति की दो महत्त्वपूर्ण कसौटियाँ हैं। और एक बहुत महत्त्वपूर्ण बात की ओर जोतिबा ने संकेत किया है। मनुष्य यह जान ले कि उस परम कृपालु 'निर्मिक' ने सभी स्त्री-पुरुषों को भाई-बहनों की तरह निर्माण किया। भ्रातृ-भाव की वह परम पवित्र वृत्ति रही नहीं इसलिए इस जगत में सत्य का ह्रास होता गया और दुख की मात्रा बढ़ी।[17] अगर हम आपस में होनेवाले इस भ्रातृभाव को बढ़ाते हैं और 'आत्म्यौपम्य' वृत्ति से सभी के साथ बर्ताव करते हैं, तो उस 'निर्मिक' के साथ न्याय करते हैं और सत्य धर्म की प्रस्थापना करते हैं। जोतिबा यह जानते थे कि वह मार्ग इतना आसान नहीं। "इस दुर्भागी जगत में फिलहाल तो उस 'निर्मिक' का राज प्रस्थापित होने की सम्भावना नहीं," ऐसा उन्होंने दुखपूर्वक कहा है।

बुद्धि पर बल

धर्मों का अधिकांश व्यवहार भावनाओं के बल पर चलता है। जोतिबा ने अपने विवेचन में भावनाओं के बजाय तर्क और बुद्धि पर अधिक बल दिया। ईश्वर के

प्रति पूज्यभाव और कृतज्ञता बुद्धि अवश्य चाहिए। लेकिन भाईचारे के साथ हम सभी से बर्ताव कर सकें तो उस पूज्यभाव और कृतज्ञता के अलावा ईश्वर तथा धर्मपालन के लिए और कुछ करने की आवश्यकता नहीं।

धर्मपालन और ईश्वर-स्मरण दोनों व्यक्ति के अपने निजी कर्म हैं। उनके पालन के लिए किन्हीं बाह्य कर्मकांडों की भावनाओं के उत्कट प्रदर्शन की कोई आवश्यकता नहीं।

परम्परा भंजक?

क्या हम जोतिबा को परम्परा भंजक कहेंगे? अगर यह प्रशंसा है तो वे पम्परा-भंजक थे और अगर यह दूषण है तो वह उन पर लागू नहीं होता। जातिभेद, धर्मभेद, स्त्री-पुरुष भेद, अन्धविश्वास, और अनाचार में आकंठ डूबे हुए समकालीन समाज को सत्य धर्म का मार्ग बताकर उन्होंने समता, एकता और बन्धुत्व के साथ जोड़ दिया। पुरोहित वर्ग की लूट-खसोट का खुलेआम पर्दाफाश कर अत्यन्त निर्भयतापूर्वक उन्होंने धर्म के नाम पर चलनेवाले पाखंड को ललकारा। स्त्रियों पर और शूद्रों पर धर्म-व्यवस्था ने भयानक अत्याचार किये हैं। जोतिबा का धर्म इन दोनों के पक्ष में डटकर खड़ा रहा।

वर्णभेद और ऊँच-नीच माननेवाला हिन्दू धर्म उनकी दृष्टि में बनावटी था। उसकी सारी दारोमदार अन्ध श्रद्धाओं पर है। आर्य ब्राह्मणों ने श्रुतिस्मृति पुराणों की, धर्मग्रन्थों की रचना स्वार्थ की पूर्ति के लिए की। धूर्ततापूर्वक इन ग्रन्थों में ब्राह्मणवर्ग की श्रेष्ठता और अन्य वर्णों की कनिष्ठता की मनगढ़न्त कहानियाँ गढ़ीं। अनेक प्रकार के कर्मकांडों का जाल बिछाकर उसमें अज्ञानी लोगों को, शूद्रों को, स्त्रियों को फाँसा। यह साजिश लोगों की समझ में न आए इसलिए ज्ञान के रास्ते ही बन्द कर दिए। स्त्रियाँ धर्मग्रन्थ को पढ़ नहीं सकती थीं। शूद्र उसे सुन तक नहीं सकते थे। समाज जितना अज्ञानी और अन्ध-श्रद्धा से भरा रहेगा उतना ही ब्राह्मण वर्ग का हित होगा। यह जानकर आर्यभट्ट ब्राह्मणों ने पूरे समाज की नाकाबन्दी कर दी, ऐसा जोतिबा मानते थे। इसलिए वे वर्णाश्रम धर्म के तथा ब्राह्मणों के कट्टर विरोधी बन गए।

"ये आर्य ब्राह्मण निर्माणकर्ता परमात्मा को तुच्छ मानकर अपने-आपको 'भूदेव' मानते हैं। भृगु नामक ऋषि ने विष्णु भगवान को लात जमाई तो भृगु को कोई तकलीफ नहीं हुई। उल्टे विष्णु भगवान उस लात का निशान अभिमानपूर्वक दर्शाते रहते हैं, ऐसी कल्पित कथाएँ ब्राह्मणों ने गढ़ीं। इन्हें सत्या-सत्य का, भले-बुरे का कोई तारतम्य नहीं। बौद्ध धर्म के धमकाने पर इन्होंने पशुओं का मांस खाना बन्द कर दिया लेकिन अपने-आपको पवित्र सिद्ध करने के लिए वे पशुओं का मलमूत्र प्राशन करने लगे। सर्प से लेकर बन्दरों तक के विविध पशुओं की पूजा करने लगे। ये ब्राह्मण लोग शूद्रों के साथ अन्न ग्रहण नहीं करते। लेकिन वेश्याओं के साथ सम्बन्ध रखते हैं। उनका मुख रस भी इन्हें निषिद्ध नहीं। वैदिक वाङ्मय में नीति तत्त्वों की सीख है, लेकिन वे उस सीख को अपने तक ही सीमित रखते हैं। अन्य जातियों से बर्ताव करते समय वे इन नीति तत्त्वों का अवलम्ब नहीं करते। हिन्दू धर्म की अन्य जातियों को वे अपनी बराबरी का नहीं मानते। इस धर्म के अनेक अधिकार स्थलों पर उनकी ठेकेदारी है।" यह उनके ब्राह्मण विरोध का कारण था। अपने धर्म विवेचन में उन्होंने ईश्वर और मनुष्य के बीच की सारी ठेकेदारी ही नष्ट कर दी। आस्तिकता रखी, लेकिन सारा कर्मकांड नकार दिया।

थॉमस पेन का 'मानवता का धर्म'

विचारों का यह दाय जोतिबा को डीज़्म (Deism) आन्दोलन के जन्मदाता, पाश्चात्य तत्त्ववेत्ता थॉमस पेन के ग्रन्थों से मिला। थॉमस पेन भी एकेश्वरवादी था। वह यह चाहता था कि लोगों में विशुद्ध धर्मभावना फैले। प्रस्थापित क्रिश्चियन धर्म में व्याप्त अनाचार को दूर करने के लिए उसकी कड़ी टिप्पणी आवश्यक थी जिसे थॉमस पेन ने निर्भयतापूर्वक की।

थॉमस पेन क्रान्तिकारी था। अमेरिकन स्वतंत्रता युद्ध और फ्रेंच राज्य-क्रान्ति के नेताओं से उसके घनिष्ठ सम्बन्ध थे। उसके ग्रन्थ 'राईट्स ऑफ मैन' ने इग्लैंड में तहलका मचा दिया। उस पर राजद्रोह का मुकदमा चला और सजा भी हुई। लेकिन पेन रुका नहीं। वह शासन संस्था और धर्मसत्ता दोनों पर समान रूप से अपने विरोध की आग बरसाता रहा। क्योंकि उसकी दृष्टि में दोनों व्यक्ति की स्वतंत्रता के मार्ग

के बहुत बड़े रोड़े थे। "ऐहिक दृष्टि से देखें तो चर्च और राजसत्ता की युति का राष्ट्र के वैभव पर बुरा ही परिणाम होता दिखाई देगा।"[18] पेन इसलिए किसी चर्च को नहीं मानता था। ('My Mind is my own Church')। मूलत: धर्म उदात्त ही होते हैं लेकिन कालान्तर से जब उनमें होनेवाली सौजन्यता समाप्त हो जाती है तब वे असहिष्णु बन जाते हैं,[19] इसलिए धर्मज्ञों को चाहिए कि वे यथार्थ नीति और मानवता की भावना का ह्रास न होने दे। परमात्मा सर्वशक्तिमान, दयामय तथा न्यायी है। उससे साक्षात्कार करने के लिए किसी बिचौलिए की जरूरत नहीं। जब भी कोई पैगम्बर, पंडित, पोप या पुरोहित सामान्य मनुष्य तथा ईश्वर के बीच आता है तब धर्म का व्यापार शुरू होता है। धर्मश्रद्धा के कारण शासन संस्था निर्माण होती है। इस कार्य के लिए देवदूतों की सहायता ली जाती है, इसलिए वे जो विधिनियम कहेंगे, सभी को मानने चाहिए। ऐसा दावा धर्मगुरु करते हैं। शतकों तक यह अन्ध कल्पना प्रमाण मानी जाती रही और उसके बल पर धर्म गुरु अपनी सत्ता अयाचित रखते गए।

ईश्वर प्रदत्त ग्रन्थ भी यही काम करते हैं, क्योंकि एक तो कोई ग्रन्थ ईश्वर प्रदत्त होता ही नहीं, दूसरे, उसकी व्याख्या करनेवाले या भाष्यकार उस धर्म के दलाल या बिचौलिए ही होते हैं। बाइबिल भी ईश्वर प्रणीत नहीं है। धर्मश्रद्धा व्यक्तिगत, स्वतंत्र और स्वत:स्फूर्त होती है। उस पर किसी ग्रन्थ, पोप, पुरोहित या धर्म संस्था की सत्ता न हो। विज्ञाननिष्ठ तर्क बुद्धि के सहारे इन धर्मग्रन्थों में होनेवाली केवल काल्पनिक कथाओं को आसानी से समझा जा सकता है।

जो सच्चे ईश्वरनिष्ठ हैं वे अन्य किसी ग्रन्थ का आश्रय नहीं लेंगे। यह नि:सर्ग-सृष्टि ही उनके लिए सबसे अधिक पवित्र ग्रन्थ है। इस ग्रन्थ को ध्यानपूर्वक देखने पर विश्वास हो जाता है कि इसके निर्माता सर्वज्ञ, सर्वशक्तिमान और उदास्थी है। ईश्वर ने हर आदमी को सद्विवेक बुद्धि भी दी है और तर्कबुद्धि भी दी है। इनसे पूर्णत: विरहित कोई आदमी नहीं मिलेगा। इसलिए आदमी आदमी में किसी भी कारण से भेद करना सर्वथा अनुचित है, अन्यायकारक है।

जोतिबा की आरम्भिक शिक्षा स्कॉटिश मिशन स्कूल में हुई थी इसलिए क्रिश्चियन धर्म की मानवतावादी परम्परा का प्रभाव उन पर प्रारम्भ से ही था। क्रिश्चियन मिशनरियों की त्यागी और निरपेक्ष जीवन-पद्धति उन्होंने देखी थी। मेजर केंडी डी. ए. इज्देल, जेम्स मिचेल इत्यादि धर्मोपदेशकों को वे सुन चुके थे। उनके

धर्म-विषयक विचारों पर इन सबका प्रभाव पड़ना स्वाभाविक था। चर्च में होनेवाले धर्मोपदेश भी उन्होंने कई बार सुने थे और क्रिश्चियन धर्मोपदेशकों के साथ घंटों तक चर्चा भी की थी।

जोतिबा की मौसेरी बहन थी सगुणाबाई क्षीरसागर। बचपन में दुर्भाग्य से विधवा हो गई। अपना पेट पालने के लिए वह जौन नामक क्रिश्चियन धर्मोपदेशक के यहाँ नौकरी करती थी। इसी सगुणाबाई ने जोतिबा को पाल-पोसकर बड़ा किया। वह स्वयं क्रिश्चियन धर्मोपदेशकों का दयामय जीवन देख चुकी थी। छोटे जोति के मन पर उसने जो संस्कार किये, उन संस्कारों का बहुत बड़ा हिस्सा इन क्रिश्चियनों की दया, करुणा और सेवा के साथ जुड़ा हुआ है। वे यह चाहती थीं कि "हमारा जोति क्रिश्चियन फादर जैसा बने, उसके हाथों गरीबों की, महार-मांग समाज की सेवा हो।" भविष्य में यही हुआ। जोतिबा के विचारों में और मुख्यत: आचारों में मानवमात्र को समान माननेवाली नीति का अंश प्रधान रहा।

शूद्रों के, अतिशूद्रों के साधारण नि:सर्गदत्त भी धर्म के नाम पर मारे जाते थे। इसलिए उन्होंने धर्म में सभी स्त्री-पुरुषों को स्वयं निर्णय और समान नैसर्गिक अधिकारों की प्राप्ति की बात आग्रहपूर्वक कही।

हिन्दू धर्म केवल आध्यात्मिक ज्ञान नहीं देता। वह अपने माननेवालों का सामाजिक और व्यक्तिगत जीवन भी घेर लेता है और उनका अपने नियमों के अनुसार नियमन करता है। उसका संस्थात्मक रूप इतना प्रबल है कि सामान्य मनुष्य क्या, बलशाली संगठित समाज भी उसके सामने टिक नहीं पाते।

जोतिबा वह धर्म चाहते थे जो व्यक्ति के लिए विकास के सारे रास्ते खुले रखे, उसे अपने अधिकारों का उपयोग करने दे, तथा उसमें मानवोचित गुणों का पूर्ण विकास होने की सम्भावनाएँ निर्माण करे।

मनुष्य अगर इहलोक में समानता की नीति से बर्ताव करता है तो उसे परलोक की चिन्ता करने का कारण नहीं, क्योंकि उस "निर्मिक ने परलोक भी इसी इहलोक में निर्माण किया है। अनीति से रहनेवालों को उनके कर्मों का दंड यहीं मिलता है। वे पश्चाताप की भयंकर अग्नि में जलते हैं, मरणप्राय वेदनाएँ भुगतते हैं।"

जोतिबा की विशेषता यह थी कि वे जो कुछ कहते थे, उसे प्रत्यक्ष में उतारते थे। भलाई में उनकी श्रद्धा थी और यह भलाई क्रियाशील थी। धर्मोपदेशक वे थे

नहीं, धर्म-प्रचार उनका उद्देश्य नहीं था और धर्म-भंजन उनकी प्रेरणा नहीं थी। वे धर्म-सुधारक अवश्य थे।

सन्दर्भ

1. The miscellaneous writing Mr. Justice M. A. Ranade, p. 350-52
2. वेस्टर्न इंडिया इन ए नाइंटिन्थ सेंचरी—आर. कुमार, पृ. 49
3. महात्मा फुले, समग्र वाङ्मय, पृ. 343
4. वही, पृ. 354
5. वही, पृ. 492
6. लक्ष्मणशास्त्री जोशी, लेख संग्रह, भाग-1, पृ. 167
7. हिन्दू समाज संगठन और विघटन, पृ. 79
8. महात्मा फुले, समग्र वाङ्मय, पृ. 367
9. वही, पृ. 35
10. वही, पृ. 356
11. वही, पृ. 357-440
12. वही, 353
13. वही, पृ. 466
14. वही, पृ. 367
15. वही, पृ. 384
16. वही, पृ. 378
17. वही, पृ. 377
18. थॉमस पेन के राजनीतिक निबन्ध, पृ. 131
19. वही, पृ. 131

सामाजिक चिन्तन

हिन्दुस्तान की दास-प्रथा के खिलाफ प्रतिरोध करनेवाले पहले पुरुष थे—जोतिबा फुले लक्ष्मणशास्त्री जोशी।

प्लासी (1757) की लड़ाई ने भारत में अंग्रेजी साम्राज्य की नींव रखी। लगभग सौ वर्षों तक अंग्रेज सत्ता पूरे भारत पर अपना अधिकार जमाने की कोशिश करती रही और अन्त में उसे सफलता मिली। अंग्रेजी राज के कारण शिक्षा की नई व्यवस्था बनी। कई सुधार हुए। खुद अंग्रेज यह जानते थे कि जिस दिन हिन्दुस्तान के लोग शिक्षित बनेंगे और पाश्चात्य मूल्यों को स्वीकार कर लेंगे, उस दिन अंग्रेजी सत्ता के दिन पूरे हो जाएँगे। 1919 के मई में एलफिंस्टन ने एक पत्र में ठीक यही बात सर माहकम को लिखी थी।[1] हिन्दुस्तान में इसी अंग्रेजी शिक्षा के कारण मुख्यत: दो वर्ग बने। एक वर्ग मानता था कि यह शिक्षा ग्रहण करनी चाहिए, और उसी के सहारे अपने वर्तमान को बदल देना चाहिए। दूसरा वर्ग इन सुधारों, परिवर्तनों और शिक्षा की ओर न केवल शक की निगाह से देखता था, वरन उनका घोर विरोध भी करता था। उसके लिए सदियों से चली आती हुई परम्पराएँ महत्त्वपूर्ण थीं। उनका समर्थन करना वह अपना कर्तव्य मानता था।

अंग्रेज पूर्व समाज जीवन पर धर्म की गहरी पकड़ थी। रूढ़ियों का प्राबल्य इतना था कि लोग उनके खिलाफ जाने की बात सोच भी नहीं सकते थे। इसका मुख्य कारण था अज्ञान। धर्म एक अपरिवर्तनीय वस्तु मानी जाती थी और जीवन के सभी क्षेत्रों पर उसका अविच्छिन्न प्रभाव था।

शब्द प्रामाण्य और ग्रन्थ प्रामाण्य की तूती बोलती थी। परिवर्तन की कल्पना ही अमान्य थी, इसलिए समाज की वृत्ति में एक प्रकार की जड़ता थी। 'होहिहैं सोइ

जो राम रचि राखा' भाव से लोग पीढ़ियों तक पुरातन मान्यताओं और परम्पराओं को जकड़कर रखते थे। व्यक्ति का कोई मूल्य नहीं था और समाज यथावत रहने में ही सार्थकता मानता था। इसलिए धर्म और रूढ़ि के मध्य की सीमा-रेखा मानो नष्ट हो गई थी।

अज्ञानी जनता के लिए रूढ़ ही धर्म था। ज्ञान त्रैवर्णिकों की बपौती थी और शूद्र-अतिशूद्र तथा स्त्रियों के लिए वह राह बन्द थी। समाज में प्रतिष्ठा भी त्रैवर्णिकों की ही थी। शूद्र-अतिशूद्र उनकी गुलामी करें, यह नियम था और उस नियम के खिलाफ वे बोल नहीं सकते थे।

"भारतीय समाज की और एक विशेषता यानी उसकी समुच्चयात्मकता। हमारे समाज में एक देवता, एक धर्म, एक प्रमाण ग्रन्थ, एक उपासना-पद्धति, एक समाज ऐसी एकात्मता है नहीं। कई जातियों का समुच्चय यानी समाज। कई गाँवों का समुच्चय यानी देश। और कई सम्प्रदायों का समुच्चय यानी धर्म।" ऐसे समाज में जाति ही व्यक्ति की सबसे बड़ी पहचान थी। हर आदमी किसी-न-किसी जाति का था और उस जाति के अनुसार उसकी श्रेष्ठता, कनिष्ठता निर्धारित थी।

अंग्रेजों से पहले भारतीय समाज का यह रूप अंग्रेजी सत्ता की स्थापना के बाद कुछ-कुछ बदलने लगा। नई अर्थव्यवस्था, नये कानून और नई शिक्षा-पद्धति के कारण समाज में जागरण शुरू हुआ। विज्ञान के अध्ययन के कारण पारम्परिक चिन्तन पद्धति में फर्क पड़ा और ख्रिस्ती मिशनरियों के मानवतावाद ने धार्मिक सुधार चाहनेवालों को एक नई राह बता दी। अंग्रेजों का राज इसीलिए कई लोगों को 'ईश्वरी वरदान' लगता था।

समाज-सुधार का प्रयत्न करनेवाले स्वातंत्र्य पूर्व काल के लगभग सभी भारतीय नेता धर्मश्रद्ध थे। अपवाद था केवल पंडित जवाहरलाल नेहरू का। धर्म का आधार लेकर राजनीति का रूप बदलनेवाले महात्मा गांधी और राजनीति से सर्वथा दूर रहकर धर्म का रूप बदलने की कोशिश करनेवाले महात्मा जोतिबा, दोनों किसी-न-किसी तरह धर्म से जुड़े हुए ही थे। समाज दोनों को बदलना था। दोनों के रास्ते कुछ हद तक अलग-अलग थे। लेकिन दोनों में एक बात समान थी। दोनों सत्य के प्रति आग्रही थे, सत्यशोधक थे। गांधी जी को दलितों सहित सारा हिन्दू समाज और सारी मनुष्य जाति को ही ऊपर उठाना था। जोतिबा के सामने सबसे अधिक पीड़ित

समाज और उसका उत्थापन था। अपने प्रयत्नों में दोनों ने जान की बाजी लगा दी थी। महात्मा गांधी ने जोतिबा के 'महात्मा' होने की बात मूल मन से स्वीकार की थी।

जोतिबा की दृष्टि में सामाजिक विषमता का मुख्य कारण एक ही था—ब्राह्मणों का धर्म। वह केवल विषम समाज रचना का निर्माता ही नहीं था, वह उस विषमता को चिरंजीवी रखने की कोशिश करनेवाली 'साजिश' भी थी। उसके कारण शूद्रातिशूद्रों और स्त्रियों का जीना तक मुश्किल हो गया। उसने लगभग सारे समाज पर एक ऐसी वैचारिक गुलामी लादी, जिसने व्यक्ति की स्वतंत्रता और सोच कुन्द कर दिये थे। इस सामाजिक गुलामगिरी से निम्नस्तरीय समाज को मुक्त करना जोतिबा का प्रमुख कार्य था।

समाज कार्य की दो दिशाएँ होती हैं, एक रचनात्मक और दूसरी संघर्षात्मक। जोतिबा ने दोनों दिशाओं में उल्लेखनीय कार्य किया। जिनका ध्यान उनके द्वारा स्थापित 'सत्यशोधक समाज' की आक्रामकता पर ही केन्द्रित होता है, वे यह भूल जाते हैं कि 'सत्यशोधक समाज' की स्थापना के पूर्व लगभग 20-25 वर्षों तक जोतिबा विविध विधायक कार्यों द्वारा समाज की रचनात्मक सेवा कर रहे थे। अछूतों के लिए स्कूल खोलना, विधवाओं के लिए आश्रम बनाना, परित्यक्ताओं को आश्रय देना, अछूतों के लिए पानी का हौज खुला कर देना, पुनर्विवाह करवाना, ये सारे काम उनके सामाजिक कार्य की विधायक दिशा स्पष्ट करते हैं।

19वीं सदी के अन्त में अमेरिका में अब्राहम लिंकन और रूस में लेनिन ने दुर्बलों पर अत्याचार करनेवाली राजसत्ता के खिलाफ आवाज उठाई थी। एक ने निग्रों की गुलामी नष्ट करने की कसम खाई तो दूसरे ने जार की जुल्मी सत्ता से काश्तकारों को, मजदूरों को मुक्त करने की ठान ली।

मानव मुक्ति का यही संग्राम 19वीं सदी के अन्त में भारत में जोतिबा लड़ रहे थे।

सन् 1873 में उन्होंने 'गुलामगिरी' नामक एक छोटा-सा ग्रन्थ लिखा। ग्रन्थ की प्रस्तावना में ग्रन्थ-लेखन का उद्देश्य प्रकट करते हुए वे कहते हैं कि सैकड़ों वर्षों से शूद्रादि अतिशूद्र ब्राह्मणों के राज में दुख भुगतते आए हैं। इन अन्यायी लोगों से उनकी मुक्ति कैसे हो, यह बताना ही इस ग्रन्थ का उद्देश्य है।[2] इसी प्रस्तावना में जोतिबा ने बहुत विस्तारपूर्वक ब्राह्मणों द्वारा शूद्रों पर होनेवाले अत्याचारों का वर्णन किया। उनका यह निश्चित मत था कि प्रस्थापित धर्मशास्त्र के आधार पर

समाज-सुधार कतई सम्भव नहीं। वैसे भी यहाँ धर्मकारण और समाजकारण के मध्य की विभाजक रेखा अत्यन्त क्षीण है। धर्म समाज-सहित जीवन के हर अंग पर नियंत्रण रखता है। वह जैसा कहेगा, समाज वैसा ही आकार धारण करेगा। इसलिए जिस समाज को बदलना है उस समाज के धर्म को बदलना भी अवश्यम्भावी हो जाता है। "जोतिबा पहले कार्यकर्ता थे जिन्होंने बहुजन समाज में आत्म प्रत्यय और आत्मावलोकन उत्पन्न किया था। हिन्दी बहुजन समाज की सामाजिक गुलामगिरी का पहला प्रत्यय और पहली पहचान करा देनेवाले बहुजन समाज के पहले आदमी भी जोतिबा ही थे।"[3]

समाज की मानसिक गुलामी की कड़ियाँ तोड़नी हैं तो गुलामी में बन्द करनेवाली व्यवस्था का यथार्थ घिनौना रूप सप्रमाण सामने लाना चाहिए, इस विचार से उन्होंने अपने 'गुलामगिरी' ग्रन्थ में वैदिक आर्यों का विशेषत: ब्राह्मणों का इतिहास स्पष्ट किया।

यह ध्यान देने की बात है कि यह ग्रन्थ जोतिबा ने 'युनाइटेड स्टेट्स' के उन सदाचारी लोगों को जिन्होंने गुलामों को दासता से मुक्त करने के कार्य में औदार्य, निरपेक्षता और परोपकार बुद्धि दर्शाई, उनके सम्मानार्थ समर्पित किया है।[4] गुलामी की दुष्ट प्रथा नष्ट करने के लिए अमेरिका में जो संघर्ष चला, उसका काफी प्रभाव जोतिबा पर था।

और एक चिन्तक ने उनकी सामाजिक विचारधारा को तथा कार्य को प्रभावित किया—वह था थॉमस पेन। 1775 में उसने अमेरिकन लोगों का ध्यान निग्रों की गुलामी की ओर आकर्षित किया। "हर साल तुम हजारों गुलामों की खरीद-फरोख्त करते हो। उन्हें गुलाम बनाने का अधिकार तुम्हें किसने दिया? जब तक तुम औरों को गुलाम बनाते हो, तब तक दूसरे (इंग्लैंड) तुम्हें गुलाम बनाएँ तो उसके खिलाफ चिल्लाने का तुम्हें क्या अधिकार है?" यह उसका प्रश्न था।

पेन का ग्रन्थ 'राईट्स ऑफ मैन' 'गरीबों का बाईबल' माना जाता है। मानव को प्राप्त नि:सर्गदत्त अधिकारों का समर्थन करते हुए उसने कहा कि हमें सबसे पहले इस सत्य को समझ लेना चाहिए कि समाज के सारे मनुष्य समान हैं। मनुष्य समाज में रहता ही इसलिए है कि उसके नि:सर्गदत्त अधिकार सुरक्षित रहें। जब तक वह औरों के अधिकारों को हानि नहीं पहुँचाता तब तक उसे अपने हित के

लिए सब कुछ करने का अधिकार है। मात्र इसके लिए वह अकेला अपनी ताकत पर कुछ नहीं कर सकता। उसे समाज की जरूरत होती है। स्वयं सोचकर निर्णय लेने का अधिकार है। इसे ही बुद्धि स्वातंत्र्य कहते हैं।

व्यक्ति की स्वतंत्रता हर क्षेत्र में सुरक्षित रहनी चाहिए। मनुष्य इसीलिए समाज का निर्माण करता है और इसी समाज से शासन संस्था की निर्मिति होती है। मनुष्य में सामाजिक भावना का निर्माण भी नि:सर्ग ही करता है और उसके सामाजिक कर्तव्य भी वही तय कर देता है। इन नैसर्गिक प्रेरणाओं और पारस्परिक हित-सम्बन्धों के कारण ही आदमी इकट्ठा होकर सुसंस्कृत जीवन जीते हैं।

नि:सर्ग ने जब मानव-जाति का निर्माण किया तब सामाजिक स्तर पर आज दिखाई देनेवाले भेद अस्तित्व में नहीं थे। समता की यह नि:सर्ग निर्मित व्यवस्था आगे चलकर कुछ विशिष्ट कारणों से ध्वस्त हो गई।[5]

पेन ने इसके लिए मुख्यत: राजसत्ता और धर्मसत्ता को जिम्मेदार माना। जनतांत्रिक अधिकारों की रक्षा के लिए उसने राजसत्ता की कड़ी टीका-टिप्पणी की। "जनता की सम्पत्ति का व्यय अत्यन्त प्रामाणिकता से करना चाहिए। यह सम्पत्ति केवल अमीरों के जेब से ही आती है, ऐसा मानना गलत है : श्रमिकों की, दलितों की मेहनत का उसमें बहुत बड़ा हिस्सा है।"[6]

थॉमस पेन का सारा साहित्य बार-बार मनुष्य की स्वतंत्रता का और उसके नि:सर्गदत्त अधिकारों का उद्घोष करता है। स्वातंत्र्य, समता और बन्धुता इन तीन सूत्रों पर उसका पूरा विश्वास था। आदमी की प्रतिष्ठा, उसकी स्वतंत्रता, समता, न्याय, बुद्धिनिष्ठा और उसे प्राप्त नि:सर्गदत्त अधिकार तथा उसके कर्तव्य को उसने सदैव प्रधानता दी।

जोतिबा ख्रिस्ती मानवतावाद से अभिभूत तो थे ही, पेन के विचारों ने उनके मानवतावाद को और एक निश्चित दिशा दी।

न स्त्री स्वातंत्र्यमर्हति

धर्म द्वारा लादी गई गुलामी ने सबसे अधिक शोषण स्त्रियों का किया। पुरुष प्रधान समाज-व्यवस्था जब से बनी तब से किसी-न-किसी रूप में स्त्री को पुरुषों की

गुलाम बनाने की पद्धति प्रचलित रही। चातुर्वर्ण्य और जन्मजात जातिभेद ने इस पद्धति को अनिवार्य नियमों में बदल दिया।

हिन्दू धर्म ने ही नहीं, अन्य धर्मों और पन्थों ने भी स्त्री को या तो हेय माना या नगण्य माना।

उसे समान मानने की बात तो बहुत दूर थी, सन्तों तक ने उसे 'नरक द्वार' माना, माया माना, मोहिनी माना। सारे पाप का मूल नारी, सारे मोह का महाद्वार नारी!! उसे किसी प्रकार की स्वतंत्रता नहीं थी और उसकी मुक्ति की बात सोचने की आवश्यकता कोई नहीं मानता था।

इस देश के इतने प्रदीर्घ इतिहास में तब तक स्त्री-जीवन में सुधार लाने की दृष्टि से इक्का-दुक्का प्रयास ही हुए थे। लॉर्ड बैटिंग के 100 साल पहले पागल माने गए मुहम्मद तुगलक ने सती-प्रथा को रोकने की कोशिश की थी। मुल्ला-मौलवियों ने उसकी एक न चलने दी। अकबर ने जरूर हिन्दू स्त्रियों के लिए वे कानून बनाए जो उन्हें कुछ राहत दे सके। उसने हिन्दू स्त्रियों को सती हो जाने से रोका, उनके पुनर्विवाह को मान्यता दी, विवाह की आयु 14 वर्ष तक निश्चित कर दी, विषम विवाह पर पाबन्दी लगाई और वेश्या व्यवसाय पर भी रोक लगा दी। लेकिन मुल्ला-मौलवियों ने तथा शास्त्री पंडितों ने अकबर का घोर विरोध किया और उसके किसी कानून को चलने नहीं दिया।

स्त्रियों की स्थिति में सुधार लाने की कोई कोशिश बाद में नहीं हुई। उसके लिए भारत में अंग्रेजी राज स्थापित होने की राह देखनी पड़ी।[7]

बंगाल में राजा राममोहन राय के बाद महाराष्ट्र में जोतिबा ही थे, जिन्होंने स्त्री-मुक्ति के कार्य को सर्वाधिक प्रधानता दी। अपने सामाजिक कार्य का प्रारम्भ ही उन्होंने अछूत लड़के-लड़कियों को शिक्षा देने से प्रारम्भ किया। 1 जनवरी, 1848 को जोतिबा ने लड़कियों के लिए जो स्कूल शुरू किया, उस स्कूल ने स्त्रियों की मुक्तता के दरवाजे खोल दिये। किसी भारतीय व्यक्ति द्वारा भारतीय लड़कियों के लिए चलाया गया यह पहला स्कूल था। और किसी शिक्षक या शिक्षिका में पढ़ाने का साहस नहीं था, इसलिए जोतिबा की पत्नी सावित्री ने यह काम अपने जिम्मे लिया। वे पहली भारतीय शिक्षिका थीं।

जोतिबा का कहना था कि—

> स्त्री-शिक्षा के द्वार पुरुषों ने इसलिए बन्द कर रखे थे कि वह मानवी अधिकारों को समझ न पाए। जैसी स्वतंत्रता पुरुष लेता है, वैसी ही स्वतंत्रता स्त्री ले तो? अगर अपनी कामवासनाएँ पूरी करने के लिए पुरुष दो-दो, तीन-तीन स्त्रियों से विवाह करता है और उन विवाहों के लिए धर्मशास्त्र का आधार लेता है, स्त्रियों को भी अपनी मनोकामनाएँ पूरी करने के लिए दो-दो, तीन-तीन पति करने की सहूलियत मिलनी चाहिए। हम सब पुरुषों को तब कैसा लगेगा?[8] स्त्री और पुरुष दोनों सारे मानवी अधिकारों का उपभोग करने के पात्र हैं। फिर पुरुषों के लिए अलग नियम और स्त्रियों के लिए अलग नियम, क्या यह पक्षपात नहीं है? पुरुषों जैसा दुःसाहस स्त्रियों में नहीं होता तो उन्हें 'अबला' कहते हैं।

स्त्री की श्रेष्ठता स्पष्ट करते हुए जोतिबा ने कहा—

> मानवी संस्कृति में प्रेम को सर्वोपरि महत्ता दी गई है। स्त्री को अपत्य प्रेम का वरदान निःसर्गतः मिला। वह इस बात में पुरुषों से श्रेष्ठ है।[9]

विवाह बन्धन स्त्रियों को अनुगामिनी बनाता है। जोतिबा ने स्त्री-समानता की गुहार लगानेवाली नई विवाह विधि बनाई थी। बाल-विवाह के विरोधी तो वे थे ही, लेकिन बिना कन्या की सम्मति के विवाह न रचाने के पक्ष में भी थे। वे चाहते थे कि विवाह विधि में पुरुष प्रधान संस्कृति के समर्थक और स्त्री की गुलामगिरी सिद्ध करनेवाले जितने मंत्र हैं, वे सारे निकाल दिये जाएँ। उन्होंने ऐसे मराठी मंत्रों की रचना की जिन्हें वर-वधू आसानी से समझ सकें। उन्होंने नूतन मंगलाष्टक तैयार किए। सबसे बड़ी बात थी कि पूरी विवाह विधि से ब्राह्मण का स्थान ही हटा दिया। जरठ-विवाह, बाल-विवाह, बहु-पत्नीत्व, केशवपन, नियोग, वेश्यागमन जैसी सारी रूढ़ियाँ जो स्त्रियों पर भयंकर अत्याचार करनेवाली थीं, जोतिबा ने उन सबका स्पष्ट शब्दों में विरोध किया।

बाल-विधवाओं के साथ घोर अनाचार होते थे। वे घर और बाहर दोनों ओर असुरक्षित थीं। जोतिबा ने इस तरह की विधवाओं की सुरक्षा के लिए 'बालहत्या प्रतिबन्धक गृह' स्थापित किया।

पुनर्विवाह के आड़े आनेवाले लोगों को दंड-शक्ति के बल पर रोकना उन्हें आवश्यक लगा और समय आने पर उन्होंने उन्हें रोका भी।

जोतिबा ने जिन मंगलाष्टकों की रचना की उनमें वधू वर से जो कहती है, वह आकांक्षा उस वधू की ही नहीं, गुलामी से मुक्ति चाहने वाली हर स्त्री की है—"स्वतंत्रता का अनुभव हम स्त्रियों को है नहीं। इस बात की आज शपथ लो कि स्त्री को उसका अधिकार दोगे और उसे उस स्वतंत्रता का अनुभव करने दोगे।"[10]

स्त्री-मुक्ति की ऐसी कोई लड़ाई नहीं है जिसे जोतिबा ने अपने समय में लड़ी न हो। उच्च वर्ग अपनी स्त्रियों के लिए जो सुधार नहीं कर सके वे जोतिबा ने उनके लिए किये। वे भली-भाँति जानते थे कि परिवार प्रमुख की तानाशाही जब तक नष्ट नहीं होगी तब तक स्त्री की गुलामी भी नष्ट नहीं होगी और सामाजिक विषमता भी नहीं हटेगी। उनकी यह मान्यता थी कि यदि परिवार समानता की भावना पर स्थित रहा तो समाज और राष्ट्र भी समानता की डोर में गूँथे जाएँगे।

जन्मनः शूद्राः

जाति-प्रथा और वर्ण-व्यवस्था ने किसी समय एक-संघ होनेवाले भारतीय सामज को खंड-खंड कर डाला। वैदिक काल में जो समाज पूर्ण समता का उपासक था और गर्व से कहता था—

अज्येष्ठा सो अकनिष्ठास एने।
सं भ्रातरो वावृधुः सौभगाय॥ (ऋग्वेद, 9 60/5)
ते अजेष्ठा अकनिष्ठास उद्दिदो।
अमध्यमासो महसा विवावृधुः॥ (ऋग्वेद, 9/6)

(न कोई बड़ा है, न छोटा, न मध्यम। सभी एक-दूसरे के बन्धु हैं, उत्तम भाग्य प्राप्त करने के लिए वर्धमान हो रहे हैं।)

वही समाज 11वीं सदी तक आते-आते 'कलिवर्ज्य प्रकरण' जैसी 'प्रक्षिप्त स्मृति' को प्रमाण मानकर कुछ जातियों को जन्म से ही श्रेष्ठ और कुछ को जन्म से ही शूद्र करार देता है। यह व्यवस्था अत्यन्त विषम और अन्यायकारक थी। जोतिबा ने

स्पष्टतः इसका विरोध किया। वे कहते थे कि ईश्वर न्यायी और करुणामय है। वह ऐसी विषम और अन्यायी व्यवस्था को जन्म दे ही नहीं सकता। जिन धर्मग्रन्थों में यह लिखा गया है वे धर्मग्रन्थ स्वार्थी आर्यभट्टों ने रचे हैं। वे बाहर से यहाँ आए। मूलतः उनमें तीन वर्ण थे। यहाँ की प्रजा को जीतकर उन्होंने उसे गुलाम बनाया और उसके लिए चौथे वर्ण की उत्पत्ति की, यह चौथा वर्ण यानी शूद्र-अतिशूद्र।[11] यह सरल, अज्ञानी और मेहनत करनेवाली चौथे वर्ण की जनता निरन्तर गुमराह रहे, इसलिए आर्यभट्टों ने अपने धर्मग्रन्थ जान-बूझकर संस्कृत भाषा में लिखे। "क्या इन आर्यभट्ट ब्राह्मणों के वे वेद सार्वजनीन ईश्वर प्रणीत सत्य के नाम को शोभा दें, ऐसे हैं?" जोतिबा का यह प्रश्न बहुत तीखा था और उससे भी अधिक तीखा था उनका ब्राह्मणों पर किया गया हमला, जो इस विषमता की धज्जियाँ उड़ाता था। इस क्रम में तो जोतिबा ने सन्तों को भी नहीं बख्शा।

सन्तों ने भले ही परमात्मा का, उसकी श्रेष्ठता का, उसके सद्गुणों का संकीर्तन किया हो, लेकिन इनमें से किसी सन्त ने शूद्रों को उनकी दासता की जानकारी नहीं कराई। "इनमें से एक ने भी शूद्रों के गले में पड़ी दासता की जंजीर को स्पर्श तक नहीं किया।" जोतिबा ने इसलिए जन्माधिष्ठित जाति-व्यवस्था और चातुर्वर्ण्य दोनों को सर्वथा त्याज्य माना। ब्राह्मणों की जन्मजात श्रेष्ठता धर्मशास्त्रकारों की चालाकी मात्र है, यह जानकर उन्होंने धर्मशास्त्रकारों को भी नकारा और धर्मग्रन्थों को भी। इस कार्य में उन्हें दो ग्रन्थों से अधिक प्रेरणा मिली। एक सिद्धाचार्य अश्वघोष रचित 'ब्रजसूची' और दूसरा कबीर का 'बीजक'। बीजक में होनेवाला 'विप्रमति' का अंश उन्हें बहुत प्रिय था। एक कबीर पन्थी ज्ञानगिरी बाबा थे, उनसे उन्होंने 'बीजक' के इस अंश का शब्दशः अर्थ समझ लिया था।

बुद्धि और कौशल न वर्ण पर निर्भर है, न कुल पर। वह मनुष्य के परिश्रम और तर्कबुद्धि के उपयोग पर निर्भर है, इसे उन्होंने बार-बार कहा। परशुराम प्रणीत जातीय गुलामी को ब्राह्मण अबाधित रखना चाहते हैं; इस गुलामी से निकलना हो तो पढ़ो, परिश्रम करो, अपने-आपको मानव मानो, ऐसा वे शूद्र-अतिशूद्रों से जोर देकर कहा करते थे।

अज्ञान, अन्धश्रद्धा, धार्मिक और सामाजिक शोषण से इस समाज को मुक्त करना हो तो एक मात्र मार्ग है ज्ञान का। शोषण क्यों और कैसे हो रहा है, इसका

पता चल गया तो सदियों से दबी ये जातियाँ उठकर खड़ी हो जाएँगी, ऐसा उनका विश्वास था।

जब ज्ञान की ठेकेदारी समाज के एक वर्ग के पास रहती है, तब परिश्रम का काम अपने-आप दूसरे वर्गों पर आ पड़ता है। अपनी सुविधा के लिए उच्च वर्णों ने श्रम का काम इस निम्न वर्ग पर डाला। निम्न वर्ग के लोग इस परम्परागत अन्याय को समझ न सकें इसलिए ज्ञान के दरवाजे धर्म की आज्ञा के नाम पर उनके लिए सदा के लिए बन्द कर दिए गए।

जोतिबा ने इन बन्द दरवाज़ों को खोलने का काम सबसे पहले किया।

जाति-व्यवस्था भी उच्च वर्णों के स्वार्थ को सुरक्षित रखने की ही एक कोशिश थी। जाति से शूद्र माने गए लोगों की अवस्था अमेरिका और अफ्रीका के गुलामों से भी बदतर थी। जोतिबा ने 'गुलामगिरी' नामक ग्रन्थ की प्रस्तावना में इन गुलामों के साथ शूद्रों की तुलना की है। "उनकी स्थिति में और गुलामों की स्थिति में कोई फर्क नहीं। अगर कोई फर्क है तो इतना ही कि इन्हें भट्ट लोगों ने जीतकर गुलाम किया, दूसरों को दुष्ट लोगों ने अचानक पकड़कर गुलाम बनाया।"[12]

जाति की यह गुलामी न ईश्वर ने लादी, न नि:सर्ग ने। जब सभी जातियों में मनुष्यों के अवयव समान हैं, तो उसका अर्थ है मनुष्य ईश्वर-निर्मित है, लेकिन जाति ईश्वर-निर्मित नहीं। जन्मत: कोई शूद्र नहीं, नीच नहीं। ब्राह्मण हो या शूद्र, सब एक जैसे हैं—

मांग आर्यमध्ये पाहूँ जाता खूण। एक आत्म जाण। दोघां मध्ये।
दोघे ही सारीखे सर्व खाती पिती। इच्छा ती भोगती सार खेच।
सर्व ज्ञानामध्ये आत्म ज्ञान श्रेष्ठ। कोणी नाहीं भ्रष्ट। जोनीम्हणे॥[13]

[महार, मांग और आर्यों में कोई भेद नहीं। दोनों में एक ही आत्मा का निवास है। दोनों समान ढंग से खाते-पीते हैं। उनकी इच्छाएँ भी समान होती हैं। जोति यह कहता है कि सारे ज्ञान में आत्मज्ञान श्रेष्ठ है तथा कोई भी भ्रष्ट नहीं है, इसे जान लो।]

समता की यह आकांक्षा जोतिबा के मन में निरन्तर जाग्रत थी। इस समता के मारक ब्राह्मण थे। इसलिए ब्राह्मणों पर उनका आक्रोश सहज था। लेकिन जब राष्ट्र की एकता की बात उठी तो उन्होंने नि:संकोच यह कहा कि देश-सुधार के

लिए हम ब्राह्मणों को और मांगों को एक पंक्ति में बैठाएँगे।[14] वे ब्राह्मण जाति के विरोधी नहीं थे। उनकी शोषक वृत्ति के विरोधी थे।

'किसान का कोड़ा'

भारत किसानों का देश है, लेकिन सदियों से ये दुर्लक्षित रहे। दिन-भर खेतों में खटने वाले अनाज पैदा कर समाज का भरण-पोषण करनेवाले किसान, मजदूर धार्मिक दृष्टि से शूद्र और सामाजिक दृष्टि से कनिष्ठ थे, इसलिए सदा उपेक्षित रहे।

मध्ययुगीन सामन्तशाही की विशेषता यह थी कि वह किसान की पसीने की कमाई का लगभग 3/4 हिस्सा लगान के रूप में नोच लेती थी। जाति-व्यवस्था का घेरा इतना मजबूत था कि इस जानलेवा शोषण के बावजूद न किसान ने अपने खेत की मेड़ कभी लाँघी, न जानवरों की तरह मजदूरी करनेवाले मजदूरों की कभी कमी पड़ी। यदा-कदा जो विद्रोह किसानों ने किये भी, वे तलवार और ताकत के बल पर दबा दिये गए। अछूत मजदूरों के संघर्ष का तो कहीं नामोनिशान ही नहीं मिलता।

अंग्रेजों के राज में किसानों की स्थिति में कोई खास परिवर्तन नहीं आया। उत्तर भारत में जमींदारी पनपी ही अंग्रेजों के कारण। 1870 में कपास की दर हद से ज्यादा गिर गई और पश्चिम महाराष्ट्र के किसानों ने खुला विद्रोह किया। उन्होंने साहूकारों के और जमींदारों के घरों पर हमले किए। हिसाब-किताब की चौपड़ियाँ जला दीं। इसके पहले 1860 में बिहार के चम्पारण में नील की खेती के बारे में गोरे जमींदारों के खिलाफ किसानों ने विद्रोह किया था। ये सारे छिटपुट प्रयत्न थे। अधिकतर किसान अपने प्रति होनेवाले शोषण, अन्याय और अत्याचार को चुपचाप सहते रहे।

जोतिबा के पूर्व किसानों की इस स्थिति पर किसी ने ध्यान नहीं दिया था। 'किसान का कोड़ा' (शेतक-यांचा आसूड) ग्रन्थ में जोतिबा ने पहली बार उनकी दयनीय अवस्था पर प्रकाश डाला। वे यह जानते थे कि किसानों की आज जो हालत है, उसका मुख्य कारण आर्थिक है। धर्म के नाम पर उसे पुरोहितों-ब्राह्मणों ने मनचाहा लूटा है। उन्होंने इस लूट का सविस्तार वर्णन किया।

"महात्मा फुले एकमात्र ऐसे समाज-चिन्तक हैं जिन्होंने प्रथमत: किसानों के

प्रश्न जान लिये। केवल जान ही नहीं लिये उन प्रश्नों के बारे में सहानुभूतिपूर्ण मानवतावादी दृष्टिकोण भी प्रदर्शित किया।"[15]

बड़े और समर्थ किसान तो अपनी मजबूत आर्थिक स्थिति और रुतबे के बल पर अन्याय से मुकाबला करने की कोई-न-कोई राह निकाल लेते थे, लेकिन छोटे-छोटे किसानों और खेती पर मजदूरी करनेवाले स्त्री-पुरुषों का कोई पक्षधर नहीं था। धर्म के नाम भट्ट ब्राह्मणों का वर्ग, शासन-व्यवस्था के नाम पर शासन में विभिन्न अधिकार के पदों पर बैठा हुआ उन्हीं की जाति का एक वर्ग और उच्च वर्णियों में ही समाविष्ट होनेवाला सेठ-साहूकारों का वर्ग, ये तीनों मिलकर उसे लूटते थे। वह इनसे उबरे भी तो कैसे? जोतिबा की दृष्टि में एक ही मार्ग था—शिक्षा प्राप्त करना। किसानों की (शूद्रों की) दुर्गति का मुख्य कारण अशिक्षा ही था। जोतिबा कहा करते थे—

विद्या बिना मति गई
मति बिना नीति गई
नीति बिना गति गई
गति बिना वित्त गया
वित्त बिना शूद्र टूटे
इतने अनर्थ
एक अविद्या ने किये।

इसी अविद्या के कारण वह यह समझ नहीं सका कि जन्म से लेकर मृत्यु तक हर सुख-दुख के प्रसंगों को एक धार्मिक कर्म का रूप देकर उसे ब्राह्मण किस तरह लूटते हैं? तीज-त्योहार उसकी भलाई के लिए हों या न हों, दक्षिणा लेनेवालों के लिए सदा ही लाभदायक थे। जप-तप, पूजा-कीर्तन, यात्रा-प्रवास, लेना-बेचना इनमें से किसी भी काम के लिए वह स्वतंत्र नहीं था। शुभ-अशुभ, लाभ-हानि, शकुन-अपशकुन का चक्र उसके पीछे लगा रहता। वह समर्थ हो या न हो उसे 'देना' है और पुरोहितों को 'पाना' है।

सरकारी महकमा तो और भी निर्दय था। बिना 'नगद नारायण' का स्पर्श किये किसी गरीब का कोई काम कर देना उसके लिए हराम था। काला अक्षर किसान के लिए भैंस बराबर रहता और कानून के नाम से उसे कँपकँपी छूटती।

आंसमान का पानी मेहरबान हुआ तो खेतों में फसल लहलहाती। खलिहानों में अनाज इकट्ठा होता। घर की चक्की खुशहाल चलती रहती। लेकिन ऐसा हमेशा होने से रहा। कभी अकाल आता। कभी पाला पड़ता। कभी आसमान फटता। क्या-क्या नहीं होता? ऐसे समय में 'न घर में अनाज का एक दाना न हाथ में एक पैसा' जैसी स्थिति होती। हारकर उसे सेठ-साहूकारों के कदम चूमने पड़ते और उसका बचा-खुचा जो भी कुछ रहता, बरबादी के हवाले हो जाता।

किसानों की इस बदतर हालत का वर्णन जोतिबा के 'किसान का कोड़ा' में सप्रमाण किया गया है। शोषकों के रूप को उन्होंने बिना किसी लाग-लपेट के सबके सामने प्रस्तुत किया। इस कठोर वास्तविकता को बताकर ही वे नहीं रुके, उन्होंने किसानों की हालत कैसे बदली जा सकती है, इसका भी दिशा-निर्देश किया।

किसानों को उद्‌देश्य करके उन्होंने कहा कि वे अपने व्यक्तिगत जीवन की गैर-जिम्मेदारियों से बचें। बहुविवाह करना बन्द कर दें। कच्ची उम्र में लड़कियों की शादी न करें। फिजूलखर्ची पूरी तौर पर रोकें।

सरकार को जोतिबा की सलाह थी कि वह किसानों को अच्छी खाद, अच्छा बीज, उत्तम खेती का ज्ञान तथा तत्सम्बन्धी ग्रन्थ उपलब्ध कराने की व्यवस्था करे। उनके पास बढ़िया नस्ल के बैल हों। अकाल का मुकाबला करने के लिए स्थान-स्थान पर छोटे बाँध बाँधे जाएँ और उसके लिए सेना की सहायता ली जाए।[16]

हमारा सारा समाज आज पर्यावरण की चिन्ता कर रहा है। वृक्षों की, जंगलों की कटाई कैसे रोकें? आज हमारे सामने खड़े इस प्रश्न पर जोतिबा ने बड़ी गहराई से सोचा था। 'किसान का कोड़ा' पुस्तक का आखिरी अंश इस दृष्टि से पठनीय है।

किसानों की पैदावार बढ़ेगी तो उनके लिए खोले गए बैंक सफल होंगे। इसलिए सरकार सबसे पहले यह सोचे कि यह पैदावार कैसे बढ़ेगी? किसान के माथे पर पड़ा कर्ज का बोझ कम करना हो तो कर कम लगाइए, लगान की दर कम कीजिए, अनाप-शनाप सरकारी खर्चे रोकिए, इत्यादि कई बातें जोतिबा ने कहीं।

इसमें दो मत नहीं कि जोतिबा के मन में किसानों और मजदूरों के बारे में अपार स्नेह था। वे यह चाहते थे कि किसान और मजदूर भी समाज में सम्मान के साथ जिएँ।

1888 में पूना में ड्यूक ऑफ कनॉट को दिए गए महाभोज में किसानों की फटी-पुरानी पोशाक में उपस्थित रहकर ड्यूक को भारत के किसानों की सच्ची कहानी सुनाने का साहस केवल जोतिबा ही कर सकते थे।

सत्यान्वेषण

जोतिबा जो सोचते थे वह प्रत्यक्षतः करते थे। उनमें एक 'अखंड कर्मयोगी' बैठा था। जितने आवेग से वे क्रान्तिकारी विचारों को प्रगट करते, उसके दुगुने आवेग से वे उन विचारों को कार्य रूप में परिवर्तित भी कर देते। उन्हें ज्ञात था कि विभिन्न जातियों और वर्गों में होनेवाली घातक विषमता के बारे में केवल लिख या बोलकर ही काम नहीं चलेगा।

18वीं सदी के अन्त में प्रस्थापित समाज-व्यवस्था के खिलाफ बंगाल में राजाराम मोहन राय ने 'ब्राह्मोसमाज' की स्थापना की थी।

न्यायमूर्ति रानडे, सर नारायणराव चन्दावरकर और डॉ. भंडारकर ने महाराष्ट्र में 31 मार्च, 1867 को 'प्रार्थना समाज' की स्थापना की जो पहले की 'परमहंस सभा' का ही नया रूप था।

'ब्राह्मोसमाज' बहुत प्रगतिशील विचारों की संस्था थी और समाज-परिवर्तन की उसकी आकांक्षा भी तीव्र थी। लेकिन बहुजन समाज के साथ वह अपना नाता जोड़ नहीं पाई। वह संस्था एक ओर परिवर्तन की बात कहती रही, लोग दूसरी ओर काली माता की पूजा में निमग्न रहे।

'प्रार्थना समाज' सामाजिक आन्दोलन के कार्य और विचारों से हटकर धीरे-धीरे आध्यात्मिकता की ओर मुड़ गया। उसका प्रारम्भिक रूप—परमहंस सभा—कभी जनता तक पहुँचा ही नहीं, क्योंकि उसकी सदस्यता गुप्त रखी जाती थी।

महाराष्ट्र में समाज प्रबोधन के अगुआ थे श्री बालशास्त्री जाम्भेकर (1810-1846)। अज्ञान की परम्परा को तोड़ने की एकमात्र शक्ति है—ज्ञान। इस ज्ञान को सर्वत्र पहुँचाने के लिए उन्होंने 'दर्पण' नामक एक समाचार-पत्र शुरू किया था। श्रीपत शेषाद्री नामक ख्रिस्ती बन गए एक ब्राह्मण का शुद्धिकरण कर उन्होंने उसे पुनश्च हिन्दू धर्म में लिया। समाज में इस बात पर काफी खलबली मची। निर्णय

के लिए मामला बनारस के धर्मपीठ के सामने पहुँचा और निर्णय जाम्भेकर जी के खिलाफ गया। पारम्परिक मान्यताओं का दबाव इतना भयंकर था कि अन्त में जाम्भेकर जी को प्रायश्चित करना पड़ा।

श्री गोपाल हरी देशमुख (1823-1892) उपाख्य लोकहितवादी आदि दूसरे समाज-सुधारकों ने परम्परागत संस्कारों, रूढ़ियों, मान्यताओं पर सीधा हमला किया। उनके 'शतपत्र' में उन्होंने तत्कालीन आर्थिक, सामाजिक, राजनीतिक और शिक्षात्मक समस्याओं की खुली टीका-टिप्पणी की। लोकहितवादी की दृष्टि निश्चित रूप में इहवादी थी। उनके अनुसार हर काम के लिए दो कसौटियाँ होनी चाहिए—एक उपयुक्तता की और दूसरी अन्तःप्रामाण्य की। उनका बुद्धिवादी परन्तु परम्परा विरोधी उपदेश तत्कालीन समाज के पल्ले नहीं पड़ा। उनका भी घोर विरोध हुआ। 1858 में ईस्ट इंडिया कम्पनी का कारोबार हटा और ब्रिटिश पार्लियामेंट का शासन शुरू हुआ। हिन्दुस्तान में वाइसरॉय की सत्ता प्रस्थापित हुई। सबके लिए एक ही कानून बना। 'इंडियन पीनल कोड', 'सिविल प्रोसिजर कोड', 'क्रिमिनल प्रोसिजर कोड' तैयार हुए। शिक्षा-विषयक व्यापक नीति बनी। बम्बई, मद्रास, कलकत्ता में विद्यापीठ स्थापित हुए। रेल शुरू हुई। अंग्रेजी हुकूमत की नई हवा देश में बहने लगी।

आधुनिक ज्ञान-विज्ञान में पारंगत हुई यहाँ की नई पीढ़ी ने समाज-परिवर्तन की प्रक्रिया पर अब नई दृष्टि से सोचना प्रारम्भ किया। न्या. महादेव गोविन्द रानडे (1842-1901) इस उदारमतवादी नई पीढ़ी का नेतृत्व कर रहे थे। सारे समाज को आगे बढ़ाना है तो उसके साथ-साथ चलना चाहिए। भूतकाल से, पूर्व परम्परा से उसे एकदम काट देना युक्तिसंगत नहीं। वह अपने-आपको आसानी से कटने भी नहीं देता। न्या. रानडे का दृष्टिकोण यह था कि नई पीढ़ी को समझा देना चाहिए कि गत परम्पराओं में क्या त्याज्य है और नूतन परम्पराओं में क्या स्वीकार्य है? उन्होंने सामाजिक परिषद की स्थापना करके तत्कालीन समाज की परिपूर्ण प्रगति की कामना की।

इस पार्श्वभूमि पर जोतिबा के समाज-सुधार आन्दोलन का उदय होता है। उन्हें ऐसा नहीं लगता था कि केवल उदार मतवादी दर्शन (Liberal Philosophy) वर्तमान विषम समाज-व्यवस्था का ढाँचा बदल सकेगा। परम्पराप्रिय जड़वादी समाज प्रबोधन-प्रवचन सुन लेता है और उसे भुला देता है। जोतिबा प्रबोधनकार या

उपदेशक नहीं थे। वे तो प्रखर क्रान्तिकारी थे। उनका 'सत्यशोधक समाज' क्रान्ति की नींव पर खड़ा था। वर्तमान अन्याय व्यवस्था का बल था हिन्दू धर्म-विधान, शास्त्र प्रामाण्य और ईश्वर प्रणीत समाज। इसे अगर बदलना है तो कुठाराघात ठीक इन्हीं बातों पर करना आवश्यक था और जोतिबा ने वही किया भी।

अपने 'सत्यशोधक समाज' की स्थापना का उद्देश्य स्पष्ट करते हुए जोतिबा ने कहा था कि "अपने मतलबी ग्रन्थों के सहारे हजारों वर्षों तक शूद्रों को नीच मानकर जो ब्राह्मण, भट्ट, जोशी, उपाध्याय आदि लोग लूटते आए, उन लोगों की गुलामगिरी से शूद्रों को मुक्त करने के लिए, सदुपदेश और ज्ञान के द्वारा उन्हें अपने अधिकारों से परिचित करा देने के लिए, तथा धर्म और व्यवहार सम्बन्धी ब्राह्मणों के बनावटी और धर्मसाधक ग्रन्थों से उन्हें मुक्त करने के लिए 'सत्यशोधक समाज' की स्थापना की गई है।

उनके विचार से समाज में दो ही मुख्य वर्ग थे, पहला ब्राह्मणों का, जो धर्म का आधार लेकर सर्वत्र अपने अधिकारों की धाक जमा रहा था, और दूसरा शूद्र-अतिशूद्रों का, जो इस शासकवर्ग के सामाजिक और आर्थिक शोषण का शिकार बन रहा था। जो लोग सामाजिक उन्नति की बात करते थे उनके सामने जोतिबा ने समाज की व्याप्ति का लम्बा-चौड़ा खाका खींचा। जैसी समानता ब्राह्मणों और शूद्रों में चाहिए, वैसी ही किसानों और साहूकारों तथा स्त्री और पुरुषों में भी चाहिए। जोतिबा सभी जाति-धर्मों के सन्दर्भ में बन्धुत्व की भावना, का उद्घोष कर रहे थे, इसे हम न भूलें तो अच्छा। सत्यशोधक समाज का आन्दोलन बन्धुत्व की स्थापना में और उसे तोड़ने की कोशिश करनेवाली ताकतों को तोड़ने में अधिक रत था। राष्ट्रीय आन्दोलन के साथ जुड़ने की बात ही उसने नहीं सोची। दूसरे, जोतिबा की यह निश्चित मान्यता थी कि शूद्र-अतिशूद्रों को जीवन जीने का कुछ हक अगर मिला है तो वह अंग्रेजी राज के कारण। वे शूद्रों की स्त्रियों की मुक्ति का आरम्भ अंग्रेजी राज में देख रहे थे, इसलिए उन्होंने कभी उस राज का विरोध नहीं किया।

'सत्यशोधक समाज' के कार्य की तीन दिशाएँ थीं। एक, भक्त और भगवान के मध्य किसी बिचौलिये की जरूरत नहीं। बिचौलियों द्वारा लादी गई धार्मिक गुलामगिरी को नष्ट करना, अन्धश्रद्ध, अज्ञानी लोगों को उस गुलामी से मुक्त करना। दूसरी, साहूकारों और जमींदारों के शिकंजे से किसानों को मुक्त करना और

तीसरी, सभी जातियों के स्त्री-पुरुषों को शिक्षा प्राप्त करा देना। 'सत्यशोधक समाज' का काम इन्हीं तीन दिशाओं में बढ़ता हुआ महाराष्ट्र के गाँव-गाँव में पहुँचा था। सर्वसामान्य जनता तक पहुँचा हुआ यह पहला व्यापक सामाजिक सुधार आन्दोलन था। इस आन्दोलन ने शूद्र-अतिशूद्र और स्त्रियों की अस्मिता जगाने का महत कार्य किया। इस कार्य में उन्हें डॉ. विश्राम रामजी घोले, श्री शमशेर बापूशेर डखणे राजन्ना लिंगू, रामय्या आय्यापक, नारायण राव नगरकर, हरि गणेश पटवर्धन, विनायक बापूजी भंडारकर आदि ने बड़ी मदद की। 'सत्यशोधक समाज' में उच्चवर्णीय सदस्य भी थे।

जड़जम्बाल शास्त्रविहित संस्कारों के स्थान पर गिने-चुने अत्यावश्यक धर्म—कृत्यों का सरलीकरण कर जोतिबा ने एक स्तम्भ पुस्तिका तैयार की। सत्यशोधक पद्धति से जो विवाह होते थे उनमें नाममात्र का खर्चा आता था। स्वयं जोतिबा ने ऐसे कई विवाह करवाए। इतना ही नहीं, वे तुलसी विवाह की नई विधि बताते तथा स्वयं स्थान-स्थान पर तुलसी विवाह करवाने जाते। सन् 1873 कार्तिक शुद्ध 12 को अपने घर में उन्होंने पहला तुलसी विवाह करवाया। स्वयं उपाध्याय बने और अपने ही बनाए हुए मंगलाष्टक गाए।[17]

'सत्यशोधक समाज' की स्थापना 24 सितम्बर, 1873 को पूना के जूनागंज, घर नम्बर 527 में जोतिबा की अध्यक्षता में ही हुई थी। इसका हर सदस्य निम्नांकित प्रतिज्ञा लेता "सारे मानव परमात्मा की सन्तान हैं, उनका और मेरा बन्धुता का नाता है, यह जानकर बर्ताव करने की मैं नित्य कोशिश करूँगा। परमात्मा की भक्ति, पूजा, उपासना तथा धर्मविधि करते समय मुझे किसी बिचौलिये की जरूरत नहीं पड़ेगी। औरों को भी मैं सही सीख दूँगा। मैं स्वयं पढ़ूँगा और अपने बाल-बच्चों को भी पढ़ाऊँगा। राजकर्ताओं के साथ मेरी एकनिष्ठता रहेगी। मैं सर्वसाक्षी सत्यस्वरूप परमात्मा के लिए यह प्रतिज्ञा करता हूँ। वह मुझे सामर्थ्य दे।[18]

जोतिबा के सामाजिक विचारों की तथा उनके 'सत्यशोधक समाज' की महाराष्ट्र के सामाजिक प्रबोधन में एक अहम भूमिका रही है। "सामाजिक जीवन में आमूलाग्र बदलाव लाना हो तो उसके लिए प्रभावी नेतृत्व की आवश्यकता होती है। भविष्यदर्शिता, कृतिशीलता, वेधशक्ति, प्रबोधन-चतुरता, जनसंग्रह इत्यादि गुण नेता के पास न हों तो समाज-परिवर्तन का आन्दोलन खड़ा नहीं होता। जोतिबा के

पास ये गुण प्रचुर थे, इसमें शायद दो मत नहीं होंगे। काल के प्रवाह की दिशा उन्हें ठीक-ठीक समझ में आई थी।"[19]

दुर्भाग्य से आगे चलकर 'सत्यशोधक समाज' का आन्दोलन ब्राह्मणों और गैर-ब्राह्मणों की आपसी रंजिश का कारण बना। जोतिबा ने इस भीषण भविष्य की कल्पना भी नहीं की थी। वैसे भी महात्माओं के शिष्य ही उन्हें पहली मात देते हैं। महात्मा जोतिबा फुले भी इसके लिए अपवाद क्यों हों?

सन्दर्भ

1. गोपाल कृष्ण गोखले, ब्रिटिश राजवट व भारतीय नेमस्त युग, बलराम नन्दा, पृ. 48-49
2. महात्मा फुले, समग्र वाङ्मय, पृ. 83
3. तर्कतीर्थ लक्ष्मण शास्त्री जोशी : लेख संग्रह, पृ. 390
4. महात्मा फुले, समग्र वाङ्मय, पृ. 67
5. थॉमस पेन चे राजनीतिक निबन्ध, पृ. 120, 174, 175, 44 आवृत्ति प्रथम, 1977
6. वही, पृ. 30
7. महात्मा फुले, आणि त्यांची परम्परा, प्रभाकर वैद्य
8. महात्मा फुले, समग्र वाङ्मय, पृ. 361
9. वही, पृ. 359
10. वही, पृ. 423
11. वही, पृ. 368
12. वही, पृ. 89
13. वही, पृ. 457
14. वही, पृ. 493
15. महात्मा फुले गौरव ग्रन्थ। श्री नाथनाथ कोचापल्ले का लेख, पृ. 527
16. महात्मा फुले समग्र वाङ्मय, पृ. 261-265
17. महात्मा फुले, यांच्या अप्रकाशित आठवणी, पृ. 69
18. वही, पृ. 68
19. महात्मा फुले, ग. बा सरदार, पृ. 72

शिक्षाविषयक विचार

नवसमाज निर्मिति का एकमात्र प्रमुख और प्रभावी साधन है—शिक्षा। यह शिक्षा जोतिबा के समय समाज के निम्न स्तरों को अप्राप्य थी, इसके प्रमुख कारण थे—एक तो शिक्षा उन्नति का कारण है, इसका उन्हें ज्ञान ही नहीं था। दूसरे, कनिष्ठ वर्गों को पढ़ाई का अधिकार नहीं, इसे कनिष्ठ वर्गों सहित सारे लोग मानते थे। जाति-प्रथा के कारण बाप-दादों से उद्योग बेटा आगे बढ़ाता था। उसके लिए पाठशाला की पढ़ाई जरूरी नहीं मानी जाती थी। हिसाब-किताब जान सके, इतना ज्ञान जीवन-यापन के लिए काफी माना जाता था।

"जोतिबा से पूर्व महाराष्ट्र में राजसत्ता और धर्मसत्ता ब्राह्मणों के अधिकाराधीन थी। अत: केवल ब्राह्मण ही धर्म ग्रन्थ पढ़ सकते थे, कह सकते थे। निम्न वर्ग के जिन-जिन लोगों ने पवित्र ग्रन्थ पढ़ने की कोशिश की उन्हें कठोर सजाएँ दी गईं।"[1]

अंग्रेजों के कारण शिक्षा सार्वजनीन हुई। ईस्ट इंडिया कम्पनी ने 1813 में एक निर्णय लेकर शिक्षा के द्वार सभी के लिए खुले कर दिये। 1824 में ख्रिस्ती मिशनरियों ने पूना में मराठी स्कूल प्रारम्भ किए। इसके पहले पाठशालाओं में केवल उच्च वर्ग के इने-गिने छात्र होते। संस्कृत पाठशालाओं में केवल उच्च वर्ग के इने-गिने छात्र होते। संस्कृत पाठशालाएँ तो केवल ब्राह्मणों के लिए ही हुआ करती थीं। ख्रिस्तियों की शाला में सारे हिन्दू आने लगे। ब्राह्मणों ने इस बात का बहुत प्रखर विरोध किया। 1838 में पहले केवल ब्राह्मणों के लिए होनेवाला 'पूना कालिज' जब सभी के लिए खोल दिया गया, तब भी ब्राह्मणों ने खुलेतौर पर अपनी नाराजी व्यक्त की थी।

श्री नारायण शास्त्री अभ्यंकर और श्री गोपाल शास्त्री गोखले इन दो ब्राह्मण शिक्षकों ने सभी जातियों के छात्रों को संस्कृत पढ़ाने के लिए सम्मति दी, इसलिए

तत्कालीन समाचार-पत्र 'ज्ञान प्रकाश' ने उनकी जमकर निन्दा की। श्री धोंडशास्त्री, बाबा डेंगवेकर, शंकर जोशी व्यवहारे, बाल शास्त्री देव और कृष्ण शास्त्री राजनाडे, इन चार पंडितों ने ब्राह्मणों के अतिरिक्त अन्य जातियों के छात्रों को संस्कृत की शिक्षा दी इसलिए पूना के ब्राह्मणों ने उन्हें बेहद सताया।[2] स्पष्ट था, ब्राह्मण यह चाहते थे कि ज्ञान औरों तक पहुँचे ही नहीं।

शिक्षा सार्वजनीन करने का अंग्रेजों का कार्य भले ही अच्छा हो, लेकिन उनका उद्‌देश्य भला नहीं था। वे भारतीयों में अंग्रेजी वाङ्‌मय, शास्त्र तथा संस्कृति का प्रचार करना चाहते थे।

एलफिंस्टन, मारकम, थॉमस मन्सो और चार्ल्स मेटकॉफ ये चार अंग्रेज अफसर ऐसे थे जो जानते थे कि इस देश की परम्पराएँ भव्य और प्राचीन हैं। इन्हें जोर-जबरदस्ती बदला नहीं जा सकेगा। जो भी परिवर्तन लाना है, शिक्षा के माध्यम से धीरे-धीरे लाना होगा। वारेन हेस्टिंग्ज के जमाने से कितने ही अंग्रेज विद्वानों ने भारत की सांस्कृतिक खोज शुरू कर दी थी। लॉर्ड मेकॉले जैसे लोग यहाँ की साहित्य और सांस्कृतिक परम्परा को नगण्य मानते थे। उसका विश्वास था कि पाश्चात्य शिक्षा के कारण यहाँ के लोग धीरे-धीरे आचार तथा विचार में भी 'पाश्चात्य' हो जाएँगे। मेकॉले की मान्यता बहुत हद तक सही निकली।

बम्बई में 1814 में ख्रिस्ती मिशनरियों ने एक प्राथमिक स्कूल शुरू किया। 1824 में उन्होंने लड़कियों के लिए भी एक स्कूल खोला था। 1840 में सरकार ने बोर्ड ऑफ एज्युकेशन की स्थापना की।

एलफिंस्टन ने शिक्षा के प्रसार के साथ-साथ इस बात के लिए भी बड़ा प्रयत्न किया तथा नेटिव भाषाओं में विविध विषयों से सम्बन्धित ग्रन्थ छापे जाएँ।

अंग्रेजी शिक्षा का फायदा उस समय ब्राह्मणों को अधिक मिला। स्कूल, कालिजों में पढ़नेवालों में पारसी, प्रभू और ब्राह्मण जाति के छात्र-छात्राओं की संख्या ही अधिक थी। "अंग्रेजी राज में जो सत्ता स्थान हिन्दुस्तानी लोगों को दिये जाते थे, बम्बई, वन्हाड़ तथा मध्य प्रान्त में वे अधिकतर ब्राह्मणों के कब्जे में ही थे।[3] उच्च शिक्षा के कारण धीरे-धीरे जिस मध्य वर्ग का उदय हो रहा था, उस मध्य वर्ग के अगुआ भी ब्राह्मण ही रहे।

लॉर्ड एडिनबरो बोर्ड ऑफ कंट्रोल के अध्यक्ष थे। उन्होंने कम्पनी के संचालकों को शिक्षा-व्यवस्था सम्बन्धी अपना मत प्रगट करते हुए लिखा कि "शिक्षा और

संस्कृति उच्च वर्ग से निम्न वर्ग में रिसती जाएगी, परिणामत: उस वर्ग में नया जोश निर्माण होगा। लेकिन निम्न वर्ग से उच्च वर्ग में शिक्षा और संस्कृति कभी जा न पाएगी। अगर निम्न वर्गों में उनका प्रचार-प्रसार हुआ, तो सार्वत्रिक क्रान्ति होगी और उसमें पहली बल्कि हम परदेशियों की होगी।"

जैसे अंग्रेज निम्न वर्ग में जागृति नहीं चाहते थे, वैसे यहाँ का उच्च वर्ग भी नहीं चाहता था।

जोतिबा की पैनी नजर यह भाँप गई थी। युगों से पिछड़े हुए अछूतों तथा स्त्रियों को ऊपर उठाना है, तो शिक्षा के अलावा दूसरा रास्ता नहीं। शिक्षा के सहारे ही वे यह जान लेंगे कि वे आज जहाँ हैं, वहाँ क्यों हैं?

1848 में जब उन्होंने कन्या पाठशाला शुरू की तब उनके दिमाग में एक बात साफ थी। लड़ाई दोहरी है। उस अविद्या से लड़ना है जो सारे अनर्थ की जड़ है, और उस जाति से भी लड़ना है जो ज्ञान के बल पर छल कर रही है, अज्ञान का घना कुहरा बना रहे, इसलिए तन-तोड़ कोशिश कर रही है। जोतिबा ने शिक्षा दान का प्रारम्भ स्त्रियों से किया। बच्चों पर सर्वाधिक प्रभाव माँ का पड़ता है! एक शिक्षित माँ अपने बच्चों पर जो संस्कार डालेगी, एक पाठशाला भी उतना नहीं कर सकती। केवल लड़कियों के लिए स्कूल शुरू करने में जोतिबा की दूरदर्शिता थी।

वे स्त्रियों और निम्न वर्ग को ऐसी शिक्षा देने के आग्रही थे, जो उन्हें सामाजिक समता का पाठ पढ़ाए तथा व्यक्ति की स्वतंत्रता के लिए संघर्ष करना भी सिखाए।

अधोमुखी निस्पन्दन सिद्धान्त

1882 में हंटर कमीशन के सामने जोतिबा ने शिक्षा-विषयक अपना जो दीर्घ निवेदन प्रस्तुत किया, वह इस बात का प्रमाण है कि कितनी गम्भीरता से और व्यापकता से वे पूरी शिक्षा-व्यवस्था के बारे में सोच रहे थे। शिक्षा और संस्कृति उच्च वर्गों से निम्न वर्ग तक उतरती चली आएगी यह अधोमुखी निस्पन्दन सिद्धान्त जोतिबा को मान्य नहीं था। सरकार अगर ऐसा मानती है कि उच्च वर्ग के लोग निम्न वर्ग में शिक्षा का प्रचार करेंगे तो वह मुगालते में हैं। सच तो यह है कि गरीब किसानों से पैसा इकट्ठा करके सरकार उसे उच्च वर्ग की शिक्षा पर लुटा रही है।[4] यह शिक्षा देनेवाले विश्वविद्यालय

अमीरों के लड़कों का भौतिक जीवन सम्पन्न करने का काम किया करते हैं। लेकिन इन अमीर पुत्रों ने पढ़-लिखकर देशवासियों का कुछ भी भला किया है, ऐसा दिखाई नहीं देता। न उन्होंने अपना कोई आदर्श समाज के सामने प्रस्तुत किया, न जरूरतमन्दों के लिए स्कूल खोले, न दुर्भागियों को अपने घरों में पनाह दी।[5] ये हैं किस काम के?

"हिन्दी विद्यापीठों के समर्थकों से मेरा सवाल है कि वे आज तक के अनुभवों के आधार पर हमें कोई एक उदाहरण बता सकते हैं, जो उनकी मान्यता को सही सिद्ध कर दे?"[6] जब यह सिद्ध नहीं होता है तब किस बलबूते पर लोगों का बौद्धिक और नैतिक स्तर बढ़ाना उचित है। यदि ऐसा करना ही है तो उच्च वर्ग को दी जानेवाली शिक्षा की जगह निम्न वर्ग की शिक्षा का प्रबन्ध होना चाहिए।

जोतिबा का कहना था कि उच्च वर्ग अपनी शिक्षा की व्यवस्था खुद कर लेगा। सरकार को उसकी ओर अधिक ध्यान देने की जरूरत नहीं। इसकी जगह अगर वह प्राथमिक शिक्षा की ओर ज्यादा ध्यान देती है, तो अन्य वर्गों से उन्हें असंख्य प्रामाणिक और भले लोग कामकाज चलाने के लिए मिल जाएँगे।

प्राथमिक शिक्षा

जोतिबा ने स्पष्टतया यह कहा कि जनता को दी जानेवाली प्राथमिक शिक्षा की हालत बहुत ही खराब है। सरकार की शिक्षा-विषयक नीति ही मूलत: अव्यावहारिक और अदूरदर्शी होने के कारण यह हुआ है। प्राथमिक स्कूल हैं लेकिन उनकी तादाद पूरी नहीं है। जो पैसा सरकार शिक्षा के नाम पर इकट्ठा कर रही है, उसका विनियोग ठीक नहीं है। इस प्रान्त के (पूना) लगभग दस लाख छात्रों को शिक्षा देने की कोई सुविधा दुर्भाग्य से नहीं है। किसानों को बेहद गरीबी, उनमें होनेवाले स्वावलम्बन का अभाव और बुद्धिवादी वर्ग पर निर्भर रहने की वृत्ति का मुख्य कारण शिक्षा-क्षेत्र की यह अराजकता ही है।[7]

अपनी इस दरिद्रता के कारण ही वे बेचारे अपने बच्चों को स्कूलों में भेज नहीं पाते और भेजते भी हैं तो एक या दो सालों के बाद उन्हें स्कूल से निकालकर खेती के काम में लगा देते हैं। ये बच्चे स्कूल में टिके रहें, इसलिए सरकार कुछ नहीं करती। न वह उन्हें कोई शिष्यवृत्ति देती है, न कोई पारितोषिक ही।

"मेरा यह मत है कि प्राथमिक शिक्षा कुछ विशिष्ट आयु तक अनिवार्य कर दी जाए। कम-से-कम 12 साल की आयु तक।"[8] आज जो स्कूल हैं उनमें महान, मांग चमार के लड़के दूसरे लड़कों के साथ उठ-बैठ नहीं सकते। एक ढंग से ये स्कूल उनके लिए बन्द ही हैं। ऐसे बच्चों के लिए जो विशेष स्कूल सरकार ने खोले, वे इक्का-दुक्का हैं और उनमें भी गिनती के लड़के होते हैं। इसलिए जहाँ जिस जाति की बस्ती अधिक हो वहाँ उस जाति के लिए स्कूल खोल दिए जाएँ।

प्राथमिक शिक्षा सम्बन्धी जोतिबा की भविष्यवाणी शत-प्रतिशत सही सिद्ध हुई। "इन स्कूलों में दी जानेवाली शिक्षा सन्तोषजनक और किसी ठोस नींव पर आधारित नहीं है। छात्रों के भावी जीवन की दृष्टि से यह सर्वथा निकम्मी है। समाज की जरूरतों को ध्यान में रखकर उपयुक्तता की दृष्टि से इस शिक्षा-व्यवस्था में मूलतः परिवर्तन करना होगा।"[9]

शिक्षक

जोतिबा का कहना था कि इन स्कूलों में जो शिक्षक पढ़ाते हैं, वे अधिकांशतः ब्राह्मण हैं। उन्हें अत्यन्त निकृष्ट वेतन (10 रुपया माहवार) मिलता है। स्वभाव से आलसी और निकम्मे इन शिक्षकों के छात्र भी उन्हीं के जैसे होते हैं। ये शिक्षक अध्यापन की परीक्षा उत्तीर्ण किये हुए और किसान वर्ग के होने चाहिए, क्योंकि गरीब छात्रों की भावनाओं को वे ही ठीक-ठीक समझ सकेंगे। अपनी धार्मिक मान्यताओं के कारण यह ब्राह्मण शिक्षकों के बस की बात नहीं। समय आने पर किसान शिक्षक हल चला लेगा, सुतारी काम कर लेगा। इन शिक्षकों के अध्ययन क्रम में खेती और आरोग्य विषयक जानकारी को प्रधानता दी जाए।

अच्छे तथा योग्य लोग पढ़ाई के क्षेत्र में रहें इसलिए शिक्षकों का वेतन बढ़ाना जरूरी है। वह किसी भी हालत में 12 रुपया से कम न हो। बड़े गाँवों में वह पन्द्रह से बीस तक हो। छोटे गाँवों में रहनेवाले शिक्षकों को पोस्टमास्टर आदि के अतिरिक्त काम सौंपकर उन्हें गाँव के जन-जीवन के साथ जोड़ देना चाहिए। जिन स्कूलों के छात्र अधिक संख्या में उत्तीर्ण होंगे, उन स्कूलों के अध्यापकों को वेतन के अलावा खास भत्ता दिया जाए।

शिक्षा का प्रारूप

गाँव और शहर की शिक्षा में भेद करते हुए जोतिबा ने गाँवों में दी जानेवाली शिक्षा का एक अलग प्रारूप प्रस्तुत किया।

गाँव के अध्ययन क्रम में मोडी (लिपि) तथा बाल-बोध लेखन, वाचन, हिसाब की जानकारी, इतिहास, भूगोल और व्याकरण का सामान्य ज्ञान, खेती का सामान्य ज्ञान तथा नीति और आरोग्य सम्बन्धी आसान पाठों का समावेश हो। गाँव का अध्ययन क्रम शहर के अध्ययन क्रम से छोटा लेकिन पूर्णत: व्यवहारोपयोगी होना चाहिए। इस दृष्टि से अगर 'आदर्श खेती' की कोई एक छोटी योजना बनाई जाए तो वह अत्यन्त लाभदायक रहेगी, सारे देश का उससे भला होगा।[10]

एंग्लो वर्नाक्युलर प्राथमिक स्कूलों में जो पाठ्य-पुस्तकें हैं उनमें व्यावहारिक उपयुक्तता तथा प्रगतिशीलता कम है। उनकी पुनर्रचना करनी होगी।

इन स्कूलों की निरीक्षण व्यवस्था सदोष है। साल में एकाध बार ही स्कूल की जाँच की जाती है। उससे कोई लाभ नहीं। कम-से-कम हर तीन माह के बाद स्कूलों की जाँच की जाए। बिना पूर्वसूचना दिए अगर इन्स्पेक्टर जाँच के लिए जाते हैं, तो और भी ठीक होगा।

प्राथमिक स्कूलों की संख्या बढ़े, इसलिए स्कूलों को अधिक अनुदान दिया जाए। स्थानिक करों के रूप में जितनी रकम इकट्ठा होती है, उसमें से आधी प्राथमिक शिक्षा पर ही व्यय हो।

नगरपालिकाएँ अपने क्षेत्र में आनेवाले प्राथमिक स्कूलों को अपने खर्चे से चलाएँ। सरकार ऐसा कानून बनाए कि शिक्षा पर जितना खर्च होता है, उस पर शिक्षा विभाग के संचालक का नियंत्रण हो। जिला मंडल में अयोग्य, अनाड़ी, शिक्षा से सम्बन्ध न रखनेवाले लोगों की भरमार है। उन्हें हटाकर वहाँ योग्य लोगों की नियुक्ति की जाए।

देशी स्कूल

देशी स्कूलों की हालत अलग नहीं है। इनमें भी पुराने ढर्रे की पढ़ाई चलती है। पढ़ाने वाले शिक्षक अधिकतर निकम्मे ब्राह्मण हैं। वे नहीं जानते, शिक्षाशास्त्र क्या है? ऐसे

लोगों से शिक्षा-पद्धति में परिवर्तन लाने की आशा करना व्यर्थ होगा। पेट पालने का आखिरी रास्ता मानकर वे इस पेशे में आते हैं। जब तक विद्यमान शिक्षकों के स्थान पर प्रशिक्षण महाविद्यालयों से प्रशिक्षित शिक्षक नियुक्त नहीं किये जाते तब तक इन स्कूलों से कोई ठोस लाभ नहीं होगा। जहाँ ऐसे सुयोग्य शिक्षक हैं, उन्हीं स्कूलों को अनुदान दिया जाए।

विद्यमान माध्यमिक स्कूलों में होनेवाली पढ़ाई भी सर्वसामान्यों की दृष्टि से अव्यवहार्य है। वह या तो कारकुन पैदा करती है या शिक्षक। छात्र और शिक्षक दोनों की दृष्टि में केवल मैट्रिक की परीक्षा महत्त्वपूर्ण है, और कुछ नहीं। यह शिक्षा छात्र को अपने भावी जीवन में न निर्भय बनाती है, न स्वावलम्बी। आज जितनी संख्या में छात्र विद्या ग्रहण करते हैं, देश का विस्तार देखते हुए वह नगण्य है।

शिक्षा अगर सभी के लिए अनिवार्य और सहज सुलभ होती तो उसे ग्रहण करने वालों की संख्या आज कई गुना ज्यादा होती।

उच्च शिक्षा

उच्च शिक्षा के बारे में जोतिबा का कहना था कि "सरकार खुले हाथ से उच्च शिक्षा के लिए खर्च करती है, लेकिन इससे बहुजन समाज की शिक्षा-व्यवस्था अस्त-व्यस्त हो रही है। मैं यह नहीं चाहता कि जिन लोगों को यह मदद मिल रही है, उन्हें वह न मिले। लेकिन दुर्लक्षित होनेवाले एक पूरे वर्ग की ओर अगर सरकार ध्यान दे तो ठीक होगा। अभी इस देश की शिक्षा बाल्यावस्था में है। अगर उच्च शिक्षा के लिए किया जानेवाला अनुदान रोका गया तो शिक्षा-प्रसार की दृष्टि से वह घातक सिद्ध होगा।

लेकिन धीरे-धीरे यह अनुदान कम कर, उसे मध्यम और कनिष्ठ वर्ग की शिक्षा की ओर मोड़ा जा सकता है। किसी भी स्तर की शिक्षा-व्यवस्था निजी संस्थाओं के हाथ में न दी जाए। अभी कई वर्षों तक उस पर सरकार का ही नियंत्रण होना ठीक होगा। प्राथमिक और उच्च दोनों स्तरों पर शिक्षा का संवर्धन करने के लिए जो आस्था या कृपादृष्टि चाहिए वह केवल सरकार ही बना सकती है।"[11]

सरकारी महाविद्यालयों में दी जानेवाली शिक्षा का स्वरूप सर्वसाधारण जीवन की जरूरतें पूरी कर सके ऐसा नहीं है। उसमें भी व्यावहारिकता की कमी है। वह

छात्रों को स्वतंत्र जीवन जीना सिखा नहीं पाती। लेकिन जो भी शिक्षा है वह सभी के लिए सुलभ हो। मैट्रिक परीक्षा के लिए नियुक्त विविध विषयों की किताबों की सूची मद्रास और बंगाल प्रान्त के सरकारी गजटों में प्रकाशित की जाती है। यहाँ भी उसी तरह प्रकाशित की जाए।

बम्बई विद्यापीठ बहिस्थ विद्यार्थियों को प्रवेश परीक्षा में बैठने के लिए सम्मति देता है। ठीक इसी तरह यदि बी.ए., एम.ए. आदि परीक्षाओं में बैठने की सम्मति बहिस्थ छात्रों को मिलेगी तो ज्ञान-प्रसार में सुविधा होगी। शिक्षावृत्ति देने में केवल स्पर्धात्मक दृष्टिकोण न हो। कई पिछड़े वर्ग के छात्र स्पर्धा में टिक नहीं पाते। कुछ शिष्यवृत्तियाँ इन अविकसित वर्ग के छात्रों को भी मिलनी चाहिए।

नौकरी के क्षेत्र में आपाधापी है। स्कूल-कालिजों में पढ़नेवाले सभी देशी लोगों को सरकारी नौकरियाँ कहाँ से मिलेंगी? इन लोगों के अध्ययन क्रम में तांत्रिक या व्यवहारोपयोगी शिक्षा का समावेश नहीं है। अत: नौकरी नहीं मिली तो मेहनत-मजदूरी करना या दूसरा कोई उद्योग करना इनसे होता नहीं। कुछ उद्योग-धन्धों में बेशुमार भीड़ है, यह सही बात है, लेकिन लोग कर सकें, ऐसे अन्य उद्योग नहीं हैं, ऐसा भी नहीं है।

इसके अलावा और एक बात पर जोतिबा ने बहुत बल दिया। हंटर कमीशन को उन्होंने आखिरी बात कही कि स्त्रियों में प्राथमिक शिक्षा का प्रसार बड़े पैमाने पर हो इसलिए सरकार कृपया विशेष उपाय योजना करे।[12]

शिक्षा के स्वरूप के बारे में जोतिबा ने जो सोचा था उसमें बहुत दूर तक सच्चाई थी। उनके लिए शिक्षा एक ऐसा साधन थी, जो दबे हुए समाज को ऊपर उठा सके, उसे अपनी आत्मा की पहचान दे सके। सत्ता, सम्पत्ति और ज्ञान आसानी से प्राप्त नहीं होते और कोई इन बातों को सहजतापूर्वक दूसरों को नहीं देता। इन तीनों को प्रयत्नपूर्वक हथियाना पड़ता है।

जोतिबा ने शिक्षा सार्वजनीन हो इसका आग्रह इसलिए किया कि समाज का एक बहुत बड़ा वर्ग शिक्षा के लाभ से, अपनी अज्ञानता और दरिद्रता के कारण वंचित था।

किसानों की शिक्षा के बारे में तो जोतिबा से पहले शायद ही किसी ने सोचा हो। किसानों सहित सारे समाज को जो ज्ञान दिया जाए वह जीवनाभिमुख हो, इसके वे आग्रही थे।

स्वतंत्रता के बाद 43 वर्ष गुजर चुके हैं। हमारी शिक्षा-व्यवस्था अपने ही अन्तर्विरोधों से जूझती हुई जहाँ की तहाँ खड़ी है। आज भी वह सत्त्वहीन, परावलम्बी 'बाबू' लोगों को पैदा करती है। स्कूलों, कालिजों और विश्वविद्यालयों का रूपान्तर उपाधि देनेवाले बेजान कारखानों में हो चुका है और इन कारखानों से बाहर निकलने वाले परीक्षार्थियों का जीवन जीने की विद्या से कोई सम्बन्ध नहीं।

जोतिबा के समय मैट्रिक की परीक्षा महत्त्वपूर्ण थी, आज आक्रान्त परीक्षा महत्त्वपूर्ण है। शिक्षा का केन्द्र परीक्षाओं से हटकर मनुष्य तक कभी पहुँचा ही नहीं।

स्कूलों, कालिजों की इतनी भरमार होने के बावजूद समाज के निम्न स्तरों में अशिक्षा का प्रभाव बढ़ रहा है। निरक्षरों की संख्या बढ़ रही है।

समाजशास्त्रियों का यह दावा है कि बीसवीं सदी में भारत की जनसंख्या 100 करोड़ होगी और उनमें से लगभग आधे निरक्षर होंगे!!

जोतिबा तो शिक्षा की व्यापकता भी चाहते थे और उसकी परिणामकारकता भी। दुर्भाग्य यह कि व्याप्तिका क्षेत्र जैसे-जैसे बढ़ता गया, परिणामकारकता वैसे-वैसे कम होती गई!

सन्दर्भ

1. महात्मा फुले, गौरव ग्रन्थ, पृ. 122
2. वही, पृ. 125
3. बिसाव्या...महाराष्ट्र द. दि. फडले, पृ. 33-34
4. महात्मा फुले, समग्र वाङ्मय, परिशिष्ट, पृ. 7
5. वही, परिशिष्ट, पृ. 7
6. वही, परिशिष्ट, पृ. 8
7. वही, परिशिष्ट, पृ. 9
8. वही, परिशिष्ट, पृ. 10
9. वही, परिशिष्ट, पृ. 11
10. वही, परिशिष्ट पृ. 12
11. वही, परिशिष्ट, पृ. 15
12. वही, परिशिष्ट, पृ. 17

राजनीतिक मन्तव्य

विदेशी सत्ता के खिलाफ उठ खड़ा हुआ 1857 का गदर सफल नहीं हुआ। फिर लगभग 20 साल के बाद ऐसी ही कोशिश महाराष्ट्र में वासुदेव बलवन्त फड़के ने की। 1879 मई में एक जाहिरनामा निकालकर उन्होंने खुल्लमखुल्ला गोरी सरकार को चुनौती दी। लेकिन यह चुनौती भी अधिक समय तक टिक न सकी। मेजर डेनियल ने 20 जुलाई, 1879 को फड़के को पकड़ा और दंडित किया। एडन जेल में कालेपानी की सजा भुगतते हुए उनकी मृत्यु हो गई। इस बीच अंग्रेज सत्ता की जड़ें यहाँ मजबूती से जमती गईं और अपने खिलाफ होनेवाला हर बलवा उसने सर उठाने से पहले ही दबा दिया।

अंग्रेजी पढ़-लिखकर जो पीढ़ी तैयार हो रही थी उस पर अंग्रेज, अंग्रेजीयत और अंग्रेजी राज तीनों का अनुकूल प्रभाव था। अधिकांश लोग यही मानते थे कि अंग्रेजों का राज एक वरदान है।

महाराष्ट्र में भी भाष्कर पांडुरंग तर्खडकर (1816-1847) पहले विचारक थे जिन्होंने दादाभाई नौरोजी से भी पहले यह स्पष्ट किया था कि अंग्रेज इस देश को लूट रहे हैं। लेकिन उनके अलावा तत्कालीन सभी श्रेष्ठ नेता यह मानते थे कि अंग्रेज राज न्यायी और उदार है।

इस राज के पूर्व राजनीतिक एकता जैसी कोई चीज भारत में नहीं थी। आवागमन के व्यापक साधनों के अभाव में ऐसी एकता का स्थापित होना सम्भव भी नहीं था। धार्मिक और सांस्कृतिक एकता अवश्य थी और भौगोलिक एकता कभी टूटी नहीं। लेकिन ब्रिटिश शासन के कारण एक प्रबल मध्यवर्ती सत्ता निर्माण हुई। विभिन्न लोकसेवाओं और कानूनों के द्वारा इस सत्ता ने पूरे देश को एक व्यवस्था सूत्र में

बाँध दिया। देशी राजाओं के राज्यों पर तब तक अंग्रेजों ने कब्जा नहीं किया था। वे अंग्रेज राज के अधीनस्थ रहकर ही अपना-अपना कारोबार चलाते थे।

इस तरह पूरी देशी आबादी पर विदेशी सरकार का शासन स्थापित हो गया था।

जोतिबा ने अंग्रेज पूर्व राज-कारोबार के परिणाम देखे थे। पेशवा हों या मुगल—लूटपाट, मारकाट, डाकेजनी दोनों के काल में आम था। दोनों प्रजा-पालक नहीं थे। पेशवाओं तथा उनके शिन्दे, होलकर जैसे शूद्र माने गए सरदारों तक ने धर्म के नाम पर सामान्य जनता को भरसक लूटा था। अंग्रेजों की शासन-पद्धति ने मोटे तौर पर होनेवाली यह खुलेआम लूट रोकी जरूर, पर यह बात अलग है कि भीतर से वे शोषण का एक भयंकर कुचक्र चला रहे थे।

निम्न और असुरक्षित वर्गों को अंग्रेज राज में जरूर कुछ राहत मिली। कानून सबके लिए समान था, इसलिए ऊँच-नीच, अमीर-गरीब इत्यादि भेद तत्त्वत: कम हो गए। धर्म के नाम पर या सत्ता के बल पर अब किसी की मनमानी चल नहीं सकती थी। जोतिबा यह महसूस ही नहीं, विश्वास करते थे कि अंग्रेजी राज सभी जुल्मों से निम्न वर्गों को मुक्ति देनेवाला राज है। "इस राज के कारण पहले के राज में (पुरोहितशाही में) विद्वेष के कारण धर्म-सम्बन्धी नीति-सम्बन्धी, राज्य-सम्बन्धी या अन्य कई कारणों से प्रजा पर जो जुल्म होते थे, उनसे उसे हमेशा के लिए मुक्ति मिल गई।" तत्कालीन स्थिति को देखते हुए जोतिबा का यह सोचना गलत नहीं लगता। वर्षों बाद इन वर्गों को खुली हवा में साँस लेने के लिए जगह मिल रही थी। उन्हें अपने अस्तित्व और अधिकारों का पूर्ण ज्ञान भले ही न हुआ लेकिन उसकी आहट जरूर पा ली थी। इस वर्ग की सदियों से चली आई गुलामी का कारण, जोतिबा की दृष्टि में, पुरोहित वर्ग का सर्वत्र फैला हुआ वर्चस्व था। यह ब्राह्मणों की दीर्घसूत्री राजनीति थी कि उन्होंने सोच-समझकर जीवन के हर क्षेत्र पर अधिकार जमा लिया था। इस अपराजित अधिकार को चुनौती मिली अंग्रेजी राज में। अब शिक्षा के कारण और कानून के कारण निम्न वर्गों में जो चेतना जगी उस चेतना ने वर्षों तक समाज-जल के ऊपर जमी हुई काई को हटाने का काम शुरू कर दिया था।

जोतिबा ने इसीलिए अछूतों को यह सलाह दी थी कि "किसी भी कीमत पर अंग्रेजों को त्यागो मत। उनके हमारे ऊपर महान उपकार हैं। ये 'महान उपकार' यानी अंग्रेजों की निष्पक्षता!! वर्ण या जाति की श्रेष्ठता-कनिष्ठता उनके कानून की दृष्टि

में कोई अर्थ नहीं रखती थी। उनके समरूप न्यायतंत्र ने व्यक्ति के भाग्य का निर्णय करनेवाले धर्म, गाँव और जाति की पंचायतों के अधिकारों पर रोक लगा दी। ब्रिटिश पूर्व भारत में एक ही अपराध के लिए ब्राह्मण को कम और गैर-ब्राह्मणों को अधिक सजा मिला करती थी। नये कानून के अन्तर्गत सभी समान थे। इस तरह का अन्याय हो नहीं सकता था। अंग्रेजों की वर्तमान न्याय-व्यवस्था और न्यायप्रियता पर जोतिबा का पूर्ण विश्वास था। दूसरी ओर, इसके बावजूद सर्वत्र फैला हुआ पुरोहितशाही का अन्यायी अस्तित्व वे महसूस कर रहे थे और उनके मन में तत्सम्बन्धी दबा हुआ क्रोध बार-बार उफनकर ऊपर आ रहा था। क्योंकि राज भले ही अंग्रेजों का हो, अब भी गाँव से लेकर जिले की कलेक्टरी कचहरी तक सर्वत्र पुरोहित वर्ग का ही बोलबाला था। अंग्रेज अधिकारी अधिकांशतः अपने मातहत काम करनेवाले इन उच्चवर्गीय अधिकारियों पर निर्भर रहते थे। शिक्षा सभो के लिए मुफ्त थी, लेकिन उसे ग्रहण करने के लिए निम्न समाज से कुछ ही छात्र पहुँच पाते थे। किसानों की हालत तो दिन पर दिन बिगड़ती ही चली जा रही थी। राजकीय सुव्यवस्था के बावजूद निम्न वर्गों की यह जो दुर्दशा थी जोतिबा की दृष्टि में उसके लिए सत्ता स्थानों पर होनेवाला ब्राह्मण अफसर वर्ग तथा आलसी, निकम्मा अंग्रेज अफसर वर्ग जिम्मेदार था।

"सरकारी गोरे अधिकारी अधिकतर ऐशोआराम में डूबे हुए थे। उन्हें इस बात की फुरसत नहीं थी कि काश्तकारों के बारे में सही-सही स्थिति जान लें। उनकी इस बेपरवाही के कारण ब्राह्मण कारकुनों को मानो खुला मैदान मिल गया। इन दोनों ने किसानों की इतनी लूट की कि वे पेट-भर अनाज और अंग-भर वस्त्रों के लिए भी मुँहताज हो गए।"[1]

अंग्रेजी राज के प्रति उदार जोतिबा अंग्रेजी अफसरों की अकर्मण्यता के कारण कुपित भी थे। राज चाहे किसी का क्यों न हो, किसान को तो बर्बादी का मुँह देखना ही था।

अंग्रेज सरकार ने भले ही नई भूराजस्व व्यवस्था का निर्माण किया हो, लेकिन किसान तो भूमिकर और तज्जनित ऋणग्रस्तता के भार से दबता ही जा रहा था। "1855-58 में जब ब्रिटिश राज्य ने ईस्ट इंडिया कम्पनी से भारत का शासन-सूत्र अपने हाथों में लिया, उस वक्त सारे भारत का भूमिकर 15.3 मिलियन पौंड था। बाद में यह राशि बढ़ती ही गई। 1900-01 में यह राशि 17.5 मिलियन पौंड थी।"[2] मतलब यह कि जोतिबा के समय में भी अंग्रेजों की करतूतों के कारण किसानों

का शोषण हो रहा था। जोतिबा इस शोषण के लिए केवल ब्राह्मण वर्ग को या सेठ-साहूकारों को ही प्रमुखतः जिम्मेदार मानते थे, जो सही नहीं था। किसानों की ऋणग्रस्तता के बारे में रायल कमीशन की रिपोर्ट कहती है, "भारतीय किसान प्रायः लाभ और प्रतिफल के लिए नहीं, वरन जीवन-निर्वाह के लिए खटता था। भूमि की अति संकुलता, और जीवन-निर्वाह के वैकल्पिक साधनों एवं अपनी दुर्दशा से बचने के उपायों की कमी...इन सबके कारण कहीं भी किसी भी शर्त पर फसल उगाने के लिए किसान लाचार था।"[3] उसकी इस लाचारी का फायदा सूदखोर और रिश्वतखोर कर्मचारी, जिनमें ब्राह्मण वर्ग के लोग अधिक रहा करते थे, बेशुमार उठाते थे। अपनी निरक्षरता और अज्ञानता के कारण किसान इस दुश्चक्र से बाहर निकल नहीं पाता था। महाराष्ट्र में उस समय सामाजिक जीवन के लगभग सभी क्षेत्रों पर ब्राह्मण समाज की पकड़ थी, और जोतिबा का मानना था कि इस चक्र की मुख्य धुरी वह समाज ही है क्योंकि वह कानूनी तरीकों से लूटता है और जालसाजी से भी। अंग्रेजी राज को जोतिबा भी ईश्वरी वरदान मानते थे, लेकिन जब उन्होंने किसानों और मजदूरों को पिसते देखा तो गोरी सरकार को भी आड़े हाथों लेने से नहीं चूके।

1857 के अनुभव से अंग्रेज चौकन्ने हो गए थे। यहाँ के धार्मिक और सामाजिक जीवन में कम-से-कम हस्तक्षेप करना उन्हें सुरक्षापूर्ण लगता था। बाहरी तौर पर वे तटस्थ थे। लेकिन यह तटस्थता शोषकों को एक प्रकार का उकसावा देती थी। ब्राह्मणों को दक्षिणा देने की, पूजा-स्थानों को अनुदान देने की प्रथाएँ अंग्रेजों ने यथावत जारी रखीं। जिस हिन्दू पारम्परिकता ने तत्कालीन सारे प्रगतिशील कामों पर रोक लगा दी थी, तटस्थता के नाम पर अंग्रेज सरकार उसी हिन्दू पारम्परिकता की रक्षा कर रही थी। सरकार की इस नीति की कटु आलोचना जोतिबा ने ही नहीं, बाद में कैप्टन ब्रेल्सफोर्ड जैसे प्रगतिशील अंग्रेजों ने भी की। 'सब्जेक्ट इंडिया' नामक अपनी किताब में ब्रेल्सफोर्ड ने लिखा है—

> फिर भी हमारी सरकारी नीति पहले भी यह थी और अब भी है कि भारतीय संस्थाओं में यथासम्भव कम-से-कम दखल दिया जाए। बाल-विवाह जैसी स्वास्थ्य के लिए अहितकर सामाजिक कुरीतियों का विरोध नहीं किया गया। सरकार में भारतीय पर्यावरण को बदलने की हिम्मत नहीं थी और छुआछूत

को भी इस पर्यावरण का अपरिवर्तनीय सत्य मान लिया गया। जैसे-जैसे समय गुजरता गया, हमारे न्यायालय मानो पुरातनिक निष्ठा से हिन्दू लॉ लागू करने लगे। इस मनोवृत्ति का यह परिणाम हुआ कि जिस देश में अतीत का पूरी तरह परित्याग नहीं हुआ है वहाँ यह अतीत रूढ़िबद्ध होता गया।[4]

अंग्रेजी राज में सर्वसाधारण भारतीय जनता का बाद में जो प्रजातांत्रिक नवजागरण हुआ उसका एक प्रमुख अंश दलित वर्गों का जागरण और मूलभूत मानवीय अधिकारों के प्रति बढ़ता हुआ उनका एहसास भी था। उन्हें यह एहसास करा देने का काम सबसे पहले जोतिबा ने किया था।

वे राजनिष्ठ थे, लेकिन लाचार नहीं थे। उन्होंने अंग्रेज सरकार को 'भीरु' सरकारी गोरे अधिकारियों को 'ऐशोआरामी' कहकर काफी लताड़ा है।[5]

इसलिए कि वे चुपचाप बैठकर किसानों का शोषण देख रहे थे। 'जहांमर्द अंग्रेज सरकार के कारण' हिन्दुस्तान में नित्य चलनेवाली लड़ाइयाँ जरूर रुक गईं, लेकिन जो राजा, सरदार निठल्ले बन गए उन्होंने यहाँ जनसंख्या बढ़ाने का काम ही अधिक किया! परिणाम किसानों की जमीन पर खानेवालों का बोझ बढ़ाने में हुआ।[6]

सरकार विविध योजनाओं पर जो पैसा खर्च करती है वह जनता का पैसा है, उसे दान-धर्म पर लुटाने का सरकार का कोई अधिकार नहीं। पहले के राजा-महाराजा भले ही अंग्रेजों जैसे विद्वान न हों, लेकिन रय्यत की सुख-सुविधा का उन्हें खयाल था। अपने खजाने से पैसा खर्च कर, वे राजमार्ग, पुल, बाँध, तालाब, कुएँ, धर्मशालाएँ, किले इत्यादि बनवाते थे। आज के महातत्त्वज्ञानी, एक ही परमात्मा की पूजक अंग्रेज सरकार बहादुर ने यह काम नगरपालिका के जिम्मे सौंप दिया है, जो दुर्गुणों की खदान है।

जोतिबा ने अंग्रेज सरकार से यह कहा है कि अगर सचमुच वह गरीब किसानों का भला चाहती है, तो उसे एक अरब रुपये का ब्याज लेना बन्द कर देना चाहिए, और इस रकम का उपयोग किसानों की भलाई के लिए किया जाए न कि किसी विदेशी योजना के लिए।[7]

अंग्रेजों के शासन के कारण भारतीय हस्तशिल्प लगभग पूर्णतः विनष्ट हुआ। जोतिबा की दृष्टि से यह सत्य भी ओझल नहीं हुआ है। भारत के सनातन अर्थतंत्र

का टूटना इसलिए शुरू हुआ कि अंग्रेज सरकार यहाँ से सस्ते दर पर कच्चा माल खरीदती थी और अत्यन्त ऊँचे दामों पर उसे फिर यहीं पर बेचती थी। इससे किसानों की और खेती की जो हानि हुई उसे जोतिबा ने अपने 'गुलामगिरी' नामक ग्रन्थ में बड़े मार्मिक ढंग से स्पष्ट किया है।

सन् 1885 में उदार मतवादी भारतीयों ने 'इंडियन नेशनल कांग्रेस' की स्थापना की। वैसे 1870 के बाद देश में राजनीतिक चेतना उभरकर आई थी। राष्ट्रीय संघर्ष को व्यापक बनाना है तो जातिगत, प्रान्तीय संकीर्णताओं का त्याग करना पड़ेगा, यह बात नेताओं की समझ में आ रही थी। इसलिए 'ब्रह्म समाज' के संस्थापक राजा राममोहन राय, उनके अनुयायी देवेन्द्रनाथ टैगोर, केशवचन्द्र सेन ने जाति-व्यवस्था पर कड़े हमले किये। ब्रह्म समाज के कदमों पर चलते हुए 'प्रार्थना समाज' ने जाति संस्था की कटु आलोचना की। 'आर्य समाज' का रास्ता इनसे कुछ अलग था। जातिगत संकीर्ण, क्षुद्र भेदाभेद मिटाकर जाति-महाराष्ट्र में 'सार्वजनिक व्यवस्था में सुधार लाने की कोशिश उसने की। सभा' और 'इंडियन नेशनल कांग्रेस' की स्थापना से राजकीय जीवन का प्रारम्भ हुआ। 1871 में रानडे जी के कारण 'सार्वजनिक सभा' की स्थापना हुई थी और उन्होंने ही सभा के कार्यों को राजनीतिक आन्दोलन का स्वरूप दिया था। श्री सदाशिवराव गोवंडे और श्री वासु चाचा जोशी ने, जो 'सार्वजनिक काका' के नाम से प्रसिद्ध थे, सार्वजनिक सभा के कार्यों को काफी आगे बढ़ाया। श्री विष्णु शास्त्री चिपलुणकर ने, जो अपने-आपको 'मराठी भाषा के शिवाजी' मानते थे, 1874 में एक निबन्ध माला शुरू की। 1880-81 में लोकमान्य तिलक ने 'केसरी' और 'मराठा' समाचार-पत्र शुरू किये। 1885 में बम्बई में 'राष्ट्रीय सभा' की स्थापना हुई।

ब्रिटिश राज के खिलाफ असन्तोष तो 1857 के पहले से फैल रहा था। बंगाल में 'ब्रिटिश इंडिया सोसायटी' (1842), 'ब्रिटिश इंडियन एसोसिएशन' (1871), इंडियन लीग (1875) जैसी कितनी ही संस्थाओं की स्थापना हुई थी। महाराष्ट्र में भी 'बॉम्बे एसोसिएशन' (1852), 'डेक्कन एसोसिएशन', 'सार्वजनिक सभा' जैसी कई संस्थाओं का जन्म हुआ। 'बॉम्बे एसोसिएशन' ने ब्रिटिश पार्लियामेंट में यह प्रस्ताव भेजा कि "अब वह समय आ पहुँचा है कि हिन्दुस्तान के लोगों को देश के राज कारोबार में जितना सहभाग दिया जाता है, उससे अधिक लेने का हक दिया जाए।" लोकमान्य तिलक के 'केसरी' और 'मराठा' के तथा आगरकर और

विष्णु शास्त्री चिपलुणकर के लेखों के कारण महाराष्ट्र में राजनीतिक जागृति तेजी से हुई। बद्रुद्दीन तय्यब जी, के. टी. तेलंग, फिरोजशाह मेहता, दादा भाई नौरोजी, न्या. रानडे, डॉ. भंडारकर इत्यादि कई नई-पुरानी पीढ़ी के ज्येष्ठ-श्रेष्ठ कार्यकर्ताओं की कोशिश से 'इंडियन नेशनल यूनियन' ने पूना में 'राष्ट्रीय परिषद' का आयोजन करने की सोची। बाद में स्थल बदलकर बम्बई कर दिया गया। भविष्य की राजनीति में अहम भूमिका निभानेवाले 'नरम और गरम दल' को जन्म महाराष्ट्र ने ही दिया।

जोतिबा की दृष्टि में राजनीतिक स्वतंत्रता महत्त्वपूर्ण नहीं थी, ऐसा नहीं। तत्कालीन राजनीति की डोर मुख्यत: ब्राह्मण नेताओं के हाथों में थी। जोतिबा का यह मानना था कि अगर शासन-व्यवस्था में उच्च वर्ण के ब्राह्मणादि लोग अधिक संख्या में जा बैठे तो शूद्र, अतिशूद्र जहाँ के तहाँ ही रहेंगे। उन्हें क्या लाभ मिलेगा? उल्टे उच्च वर्णों का दबाव बढ़ेगा और विषमता भी बढ़ेगी। रानडे, चिपलुणकर, आगरकर, तिलक, गोखले इत्यादि सारे नेता राष्ट्रवादी ही थे। वे राष्ट्र को केन्द्र बिन्दु मानकर अपने सारे आचार-विचारों का उपयोजन करते थे। जोतिबा की बात थोड़ी अलग थी। वे पहले गैर-ब्राह्मण नेता थे। राजनीति में उनके लिए और उनके समाज के लिए स्थान बनने का समय अभी आया नहीं था। लेकिन वे जोतिबा ही थे जिन्होंने गैर-ब्राह्मण समाजों के न्याय और हक की लड़ाई को एक राजनीतिक आन्दोलन में परिवर्तित कर दिया। उनके इस कथन ने कि "जिस हिसाब से सरकार किसानों से कर वसूल करती है, उसी हिसाब में उसे किसानों और दलितों की भलाई के लिए काम करना चाहिए", महाराष्ट्र में उस राजनीतिक आन्दोलन को जन्म दिया जो आगे चलकर उन्हीं के विचारों का मुख्य वाहक बना।

'सार्वजनिक सभा' या 'इंडियन नेशनल कांग्रेस' के साथ जोतिबा इसलिए जुड़े नहीं कि इन दोनों संस्थाओं में अन्तत: उच्चवर्गीय लोगों का ही प्रभुत्व था। वे भले ही यह कहते हों कि सरकारी जगहें सभी जाति-धर्मों के लोगों के लिए खुली रखी जाएँ, लेकिन अन्त में ये जगहें मिलेंगी विकसित ब्राह्मण वर्ग को ही। स्पर्धा में उनके सामने किसान, शूद्र, अतिशूद्र टिक नहीं पाएँगे। इसलिए जोतिबा की दृष्टि में शूद्रों की स्वतंत्रता और अस्मिता का प्रश्न सबसे बड़ा प्रश्न था।

उनके समय में सारे भारत में हिंसा कोई राजकीय आन्दोलन नहीं था, जो क्रान्ति कर सके और प्रस्थापित सत्ता को बदल सके। जो राजकीय क्रान्तिकारी थे,

उन्हें स्वराज्य जरूर चाहिए था लेकिन वे सामाजिक न्याय के बारे में सोचते तक नहीं थे। उनमें से लगभग सभी पुनरुज्जीवनवादी थे।[8]

अंग्रेज राज ने देश का नुकसान अवश्य किया, लेकिन उतना नहीं जितना पुरोहित वर्ग ने किया था। डॉ. पी. वरदराजलु नायडू का कथन है कि "ब्रिटिश साम्राज्यवाद ने हमारे शरीरों को गुलाम बनाया, लेकिन पुरोहितशाही ने तो हमारी आत्मा को ही गुलाम बना दिया। ब्रिटिश साम्राज्य हिन्दुस्तान की धन-दौलत ले गया, लेकिन पुरोहित वर्ग का अभी भी सामाजिक और धार्मिक क्षेत्र में वर्चस्व है। उसने गैर-ब्राह्मणों के मन में होनेवाली आत्म-सम्मान की और स्वतंत्रता की प्रेरणा ही मार डाली है।"[9]

डॉ. नायडू के इस कथन के प्रकाश में हम जोतिबा के विचारों को समझ सकते हैं। इसीलिए उन्होंने न ब्रिटिश साम्राज्य का विरोध किया, न विरोध करनेवाले प्रयत्नों की प्रशंसा की। इतना ही नहीं, 1857 की क्रान्ति और क्रान्तिकारियों का उल्लेख वे कुछ उपहास से ही किया करते थे। उनकी यह स्पष्ट मान्यता थी कि ब्रिटिश राज में निर्भयतापूर्वक अपने विचारों को व्यक्त करना या लिखना सम्भव है, पुरोहित राज में यह सम्भव ही नहीं था। इसलिए जब तक यह राज है तब तक उन्नति की राह जितनी बने, उतनी नाप लेनी चाहिए।

वे ठीक तरह से जानते थे कि यह देश अंग्रेजों ने जीता कैसे? अधिकांश भारतीयों को ब्राह्मणों ने विद्या, ज्ञान और शूरता से दूर रखा। धर्म और राजनीति में वे हमेशा मनमानी करते रहे। इसलिए अंग्रेज, समाज में फूट डालकर हिन्दुस्तान जीत सके। बड़ी धूर्तता से उन्होंने ब्राह्मण समाज का उपयोग शासन संस्था के संचालन में कर लिया। निम्न वर्गों पर करों का बोझ लादकर अंग्रेज और ब्राह्मण यहाँ ऐश करते रहे।

जोतिबा ने यह चाहा था कि 'राष्ट्रीय सभा' में सभी जाति-धर्मों के लोग हों ताकि उसमें कोई फूट न डाल सके। जब तक 'राष्ट्रीय सभा' के उच्चवर्णीय नेता निम्नवर्णीय लोगों के सुख-दुख जान नहीं लेते, उनके हितों को प्रधानता नहीं देते, तब तक सही माने में उसे 'राष्ट्रीय सभा' नहीं कहा जा सकेगा। जो लोग केवल अपने हित और अधिकारों के लिए संघर्ष करते हैं, अन्य वर्ग के लोगों को अपने अधिकारों से वंचित रखते हैं, उन्हें हीन अछूत मानते हैं, वे लोग पूरे देश का प्रतिनिधित्व कैसे कर सकेंगे? और जहाँ ऐसे नितान्त विरोधी मतों के, आचार-विचारों के लोग रहते हैं, उस राष्ट्र को 'एक राष्ट्र' बनाना कहाँ तक सम्भव है? जोतिबा के 'सत्यशोधक समाज' का

यह सवाल था "किसान, मजदूर, कारीगरों जैसे अज्ञानी वर्गों के लिए इस सभा ने सरकार को क्या कहा, इसका जवाब इसके नेता लोग दें। जब तेईस करोड़ जनता अज्ञान के अन्धकार में पड़ी सड़ती हो, जब उसे कोई ज्ञान न मिलता हो, उसकी हालत पशुओं से भी बदतर हो, तब केवल दो करोड़ की प्रजा के हितों के लिए उठापटक करनेवाली यह सभा क्या 'राष्ट्रीय' कहला सकेगी?"

1889 के दिसम्बर में राष्ट्रीय सभा का अधिवेशन बम्बई में हुआ तब 'सत्यशोधक समाज' के कार्यकर्ताओं ने किसानों की दुर्दशा की ओर सभा का ध्यान खींचने के लिए किसान का एक घास-फूस का बुत (पुतला) बनाकर सभा मंडप के सामने लटका दिया था।

राष्ट्रीय सभा और उसके नेता तथा जोतिबा और उनका 'सत्यशोधक समाज' ये सभी एक दृष्टि से राजनिष्ठ थे। 'सत्यशोधक समाज' के सदस्य को राजनिष्ठा की शपथ लेनी पड़ती थी और उदार मतवादी नेता तो यह मानते ही थे कि "इंग्लैंड से हमें प्रेरणा और पथ-प्रदर्शन की आशा है...इंग्लैंड से वह महान आदेश आएगा जिससे हमारी जनता को मताधिकार मिलेगा। इंग्लैंड हमारा राजनीतिक नेता है... राजनीतिक कर्तव्य के उच्च क्षेत्र में।"[10]

राजनिष्ठ होने के बावजूद जोतिबा राजतंत्र के समर्थक नहीं थे। उन्होंने बार-बार प्रजातंत्र की प्रशंसा की है। रोमन लोगों ने प्रजा सत्ता के राज की स्थापना की इसलिए वे सारे यूरोप, एशिया तथा अफ्रीका खंड में श्रेष्ठ सिद्ध हुए। जुलियस सीज़र ने जब इस प्रजा सत्ता साम्राज्य को राज सत्ता में बदलना चाहा तब उसी के मित्र ब्रूट्स ने उसकी हत्या कर दी। जोतिबा ने रोमनों की और ब्रट्स की प्रशंसा की है।

कोई भी श्रेष्ठ प्रजा सत्ताक राज तब निर्माण होता है जब वहाँ की सारी प्रजा समान समझी जाए, सभी को समान अधिकार प्राप्त हों और सभी में स्नेह तथा हार्दिकता हो। जोतिबा ऐसा समाज चाहते थे। उसकी रचना में रोड़ा अंग्रेजों की ओर से नहीं, यहीं के चातुर्वर्ण्य पर विश्वास रखनेवाले उच्च वर्गों की ओर से, विशेषत: ब्राह्मणों की ओर से अटकाया जाता था। परिणामत: पहला संघर्ष जोतिबा को स्वकीयों के साथ ही करना पड़ा।

देश में अंग्रेजों के खिलाफ वातावरण 1850 से ही बनना शुरू हो गया—1857 में उस असन्तोष का विस्फोट हुआ। अंग्रेजी राज ने 1820 से 1850 तक यह कोशिश

की थी कि भारतीय जनता का ब्रिटिश राज तथा उसकी संस्कृति पर विश्वास बैठे। उन्हें इस कोशिश में सफलता भी मिली। कुछ काल तक यहाँ की जनता विदेशी आचार-विचार और संस्कृति से बेहद प्रभावित थी। जोतिबा पर भी अंग्रेजी राज का प्रभाव था। लेकिन जोतिबा का कांग्रेस विरोध समझ में आता है। तब कांग्रेस के प्रतिनिधियों में ब्राह्मणों का वर्चस्व था। महाराष्ट्र का बहुजन समाज इसीलिए कांग्रेस से अलग ही रहा था। जोतिबा ने पूछा था कि "केवल बाहरी आर्यभट्ट ब्राह्मणों ने नेशनल कांग्रेस की स्थापना की है तो उसे पूछेगा कौन?" कांग्रेस का प्रारम्भिक स्वरूप सर्व समावेशक नहीं था, यह सत्य है। लेकिन 1850 के बाद समाज के लगभग सभी स्तरों का, खासकर महाराष्ट्र के बहुजन समाज का अंग्रेज सरकार के बारे में होनेवाला भ्रम टूटने लगा था। 1849 में बिना कोई कारण बताए अंग्रेज सरकार ने सातारा का राज अपने कब्जे में ले लिया। इसके पहले श्री दारोगा पांडुरंग ने अंग्रेजी राज में होनेवाले अन्याय की ओर संकेत किया था। 1857 में बम्बई विद्यापीठ की स्थापना और गदर ये दो महत्त्वपूर्ण घटनाएँ हुईं। दोनों का महाराष्ट्र से घनिष्ठ सम्बन्ध था। गदर के नेता मुख्यत: महाराष्ट्रीय ही थे। लेकिन दुर्भाग्य से 1857 की लड़ाई से सर्वसामान्य जनता अलग रही और सुशिक्षितों ने उसे एक आपत्ति माना।" जोतिबा इस दूसरे वर्ग में थे। उनका जन्म अगर 20 फरवरी, 1828 में मानें तो 1857 के संघर्ष के समय उनकी आयु लगभंग 28 वर्ष की सिद्ध होती है। भारत के राजनीतिक भविष्य पर इस घटना का क्या परिणाम होगा, इसे वे सम्भवत: ठीक-ठीक नहीं समझ पाए।

महाराष्ट्र में राष्ट्रीय आन्दोलन का प्रारम्भ सन् 1870 के लगभग मानना चाहिए। न्या. रानडे जैसे नेताओं की एक धारा थी जो समन्वयवादी तथा उदारमनवादी थी। चिपलुणकर-तिलक की धारा सांस्कृतिक राष्ट्रवाद पर अधिक जोर देती थी, और तीसरी आगरकर प्रणीत वह धारा थी जिसकी दृष्टि में बुद्धिवाद, तथा सामाजिक न्याय अधिक महत्त्वपूर्ण था। जोतिबा इस तीसरी धारा के करीब थे। उनकी दृष्टि में प्रस्तुत समय सामाजिक तथा धार्मिक सुधारों के लिए अनुकूल था। जब तक गोरी सरकार, धार्मिक तथा सामाजिक कार्यों में हस्तक्षेप नहीं करती तब तक जितने सुधार करना सम्भव है, कर लेने चाहिए, सरकार की तटस्थता का जहाँ तक बने लाभ उठा लेना चाहिए।

उच्च वर्ग का देशाभिमान उनकी दृष्टि में 'अपवित्र देशाभिमान' था, क्योंकि अगर वे इस देश के सच्चे अभिमानी होते तो उनके पूर्वज अपने ग्रन्थों में अपने ही

देश बान्धवों को, शूद्रों को, पशु से भी नीच सिद्ध करनेवाला लेखन नहीं करते। जोतिबा का मन्तव्य स्पष्ट है। जो देश की सारी जनता पर समान स्नेह करता है, उन्हें समान मानता है, वह सच्चा देशभक्त है। अत: देश की सेवा का अर्थ है, देश की सर्वसामान्य जनता की सेवा।

प्रत्यक्षत: जोतिबा किसी राजनीतिक आन्दोलन के साथ नहीं जुड़े, इसका यही कारण था। वे जानते थे कि राजद्रोह अगर गरीबों, शूद्रों, अतिशूद्रों के लिए हानिकारक है तो उन्हें उस राह पर न उतारने में ही भलाई है।

जोतिबा के सामने तत्कालीन देश और कोंकण के विभाग थे। वे उनकी परिस्थितियों के आधार पर पूरे राष्ट्र के बारे में सोचा करते थे, जो वस्तुत: गहन था। एक राष्ट्रीयत्व की जो भावना आज सर्वसामान्य जनता में है, तब नहीं थी। लोग अधिकांशत: अपनी जाति, अपना गाँव, अपने प्रान्त के बारे में ही अधिक सोचते थे। 19वीं सदी के मध्य में ब्रिटिश प्रशासन में बंगाली लोगों ने प्रवेश लिया। गुजराती, पारसियों ने ब्रिटिश व्यापार और उद्योगों में अपने लिए जगह बना ली। पंजाबी बहुत बड़ी संख्या में सेना में भर्ती हुए। प्रान्तों-प्रान्तों के लोगों के आवागमन में गति आई। लेकिन इन विविध धर्मीय, विविध भाषिक और विविध सांस्कृतिक गुटों को एक राष्ट्रीयत्व की धारा से जोड़ देना आसान काम नहीं था। हिन्दुस्तान एक 'राष्ट्र' बने ऐसी आकांक्षा तब इने-गिने लोगों में ही थी।

सन्दर्भ

1. महात्मा जोतिबा फुले, समग्र वाङ्मय, पृ. 203
2. भारतीय राष्ट्रवाद की सामाजिक पृष्ठभूमि—ए. आर. देसाई, पृ. 47-48
3. वही, पृ. 51
4. भारतीय राष्ट्रवाद की सामाजिक पृष्ठभूमि से उद्धत, पृ. 224
5. महात्मा जोतिबा फुले समग्र वाङ्मय, पृ. 202-203
6. वही, पृ. 200
7. वही, पृ. 231
8. महात्मा फुले, धनंजय किर, पृ. 314
9. वही, पृ. 314
10. भारतीय राष्ट्रवाद की सामाजिक पृष्ठभूमि से उद्धत, पृ. 270

साहित्य संसार

जोतिबा साहित्यकार नहीं थे। समाज प्रबोधन का जो आन्दोलन 19वीं सदी में उन्होंने चलाया, उस आन्दोलन के प्रवर्तक वे न होते, तो जो कुछ उन्होंने लिखा वह सम्भवत: दुर्लक्षित ही रहता। उस सदी का मराठी साहित्य मुख्यत: उच्चवर्णीय मध्यमवर्ग का साहित्य है। अधिकांश साहित्यकार बम्बई-पूना में रहते थे और मध्यवर्गीय जीवन की परछाइयों को साहित्य में व्यक्त करते थे।

सन् 1800 से 1878 का काल आधुनिक मराठी वाङ्मय निर्मिति के पूर्व का काल है। सन् 1805 में कलकत्ता के पास के सेरामपुर में पहली मराठी पुस्तकें छपीं। 1804 में फोर्ट विलियम कॉलिज में मराठी का अध्ययन-अध्यापन शुरू हो गया था। 1874 में चिपलुणकर की "निबन्ध माला" शुरू हुई थी जो मराठी साहित्य की दृष्टि से एक क्रान्तिकारक घटना थी।

अंग्रेजी राज के पूर्व मराठी कविता की तीन धाराएँ प्रमुख थीं। पहली संस्कृत से प्रभावित शास्त्री पंडितों की, दूसरी, अंग्रेजी पढ़े-लिखे नवशिक्षित कवियों की और तीसरी, स्वतंत्र रचना करनेवाले रचनाकारों की। लेकिन इन तीनों के अलावा लोककवियों की एक चौथी धारा थी जो सर्वसामान्य जनता के अधिक करीब थी। इनमें वे रचनाकार थे जिनकी दृष्टि में धार्मिक और सामाजिक सुधार महत्त्वपूर्ण थे। जोतिबा के पूर्व श्री विष्णु परशुराम शास्त्री पंडित ने 'विधवा-विवाह' (1865) नामक ग्रन्थ प्रकाशित किया। बंगाल के ईश्वरचन्द्र विद्यासागर से प्रेरणा लेकर श्री पंडित ने विधवाओं के विवाह के सन्दर्भ में काफी काम किया। 'पद्यमाला' नामक उनकी एक छोटी-सी पुस्तिका भी थी, जिसमें ज्ञान की श्रेष्ठता, जातिभेद का विनाश, मद्यपान, द्यूत इत्यादि व्यसनों के दुष्परिणाम तथा अंग्रेजों के कारण

होनेवाली आर्थिक हानि का वर्णन था। जोतिबा की पहली पद्य रचना सन् 1869 में है।

जहाँ तक गद्य लेखन का प्रश्न है, जोतिबा के अधिकांश ग्रन्थ 'निबन्ध' के क्षेत्र में आएँगे। अंग्रेज पूर्व काल में मराठी निबन्ध-लेखन की सर्वश्रेष्ठ प्रतिभा थी श्री गोपाल हरि देशमुख उपाख्य लोकहितवादी। ऐतिहासिक, सामाजिक, राजनीतिक, धार्मिक तथा आर्थिक विषयों पर लोकहितवादी ने विपुल लेखन किया। यह सारा लेखन समाज जीवन विषयक है और मुख्यत: लोकहित के लिए है। बम्बई के 'प्रभाकर' समाचार-पत्र में श्री लोकहितवादी ने कुल 108 पत्र लिखे। उन्हीं का संग्रह बाद में 'शतपत्र' नाम से प्रसिद्ध हुआ। शैली की दृष्टि से कचरा होनेवाले इन पत्रों का वैचारिक और भावनिक पक्ष बड़ा प्रबल था। हिन्दू धर्म के दोषों पर शतपत्रों का हमला जबरदस्त था। बाद में श्री विष्णु युवा ब्रह्मचारी और जोतिबा इन दोनों पर लोकहितवादी जी का लेखन-शैली का प्रभाव पड़ा। श्री विष्णु युवा ब्रह्मचारी ने लोकहितवादी की युक्तिवाद करने की प्रवृत्ति का अनुकरण किया तो जोतिबा ने उनके वक्तृत्व गुण से प्रेरणा ग्रहण की। लोकहितवादी वृत्ति से आक्रामक थे और शैली उनकी 'भदेस' थी।[1] जोतिबा के लेखन में इन दोनों बातों का प्रतिबिम्ब मिलता है।

कालक्रम से जोतिबा की साहित्य रचना इस तरह की है—

1. तृतीय रत्न (नाटक) 1855
2. छत्रपति शिवाजी राजा भोसला का पवाड़ा 1869
3. ब्राह्मणों का चातुर्य 1869
4. गुंडामाग जी 1873
5. किसानों का कोड़ा 1883
6. सत्सार अंक 1, 2, 1885
7. इशारा 1885
8. अछूतों की कैफियत 1884
9. सत्यशोधक समाजोक्त मंगलाष्टक सहित सर्व पूजाविधि प्रारम्भ 1887
10. सार्वजनिक सत्यधर्म पुस्तक 1891
11. अखंडादि काव्य रचना।

अन्य स्फुट लेखन—

1. सत्यशोधक समाज के तीसरे वार्षिक समारोह की हकीकत, सितम्बर, 1876
2. अकाल विषयक विनती पत्र, मई, 1877
3. हंटर शिक्षा आयोग को दिया हुआ निवेदन, अक्टूबर 1882
4. ग्रामजोशी के बारे में जाहीर खबर, 1886
5. मराठी ग्रन्थकार सभा को पत्र, जून 1885
6. मामा परमानन्द को पत्र, जून 1885

इसके अलावा भी जोतिबा की साहित्य-सम्पदा होगी लेकिन अभी तक वह प्राप्त नहीं हुई है। सामाजिक परिवर्तन का हिमालय सदृश काम करते हुए जोतिबा ने जो कुछ लिखा, उसे केवल साहित्यिक निष्कर्षो पर कसने से काम नहीं चलेगा।

इस सारे साहित्य की मूल प्रेरणा वैचारिक प्रबोधन की है। सदियों से सोए हुए समाज को जगाना और उसे उसकी अस्मिता का भान करा देना उनका मुख्य उद्देश्य था। यह कार्य करने की उनकी शैली 'कबीर की शैली' थी। 'बने तो सीधे-सीधे नहीं तो दरार देकर' उन्होंने अपनी बात लोगों को समझा दी। अज्ञान और अन्धविश्वास की युगों से जमी हुई सख्त परतें उन्हें तोड़नी थीं और उसके लिये लौह लेखनी का फौलादी हल चलाना जरूरी था। वे मुख्यत: जिसके लिए लिख रहे थे वह जनता भी 'अक्षरों की दुनिया' से काफी दूर थी। लेकिन उस समाज की उभरती युवा पीढ़ी और मुट्ठी-भर ही सही, समतावादी विचारों के उच्चवर्णीय समर्थक जोतिबा के पाठक थे।

तृतीय रत्न (नाटक)

1855 में लिखित 'तृतीय रत्न' नाटक मराठी भाषा का पहला स्वतंत्र सामाजिक नाटक है। मतलबी पुरोहित वर्ग धर्म के नाम पर अज्ञानी शूद्रों को किस तरह लूटते हैं और ख्रिस्ती धर्मोपदेशक उन्हें सही ज्ञान देकर किस तरह सत्य मार्ग पर लाते हैं, यह बताने के लिए जोतिबा ने प्रस्तुत नाटक की रचना की।[2] वैसे 'नाटक' के नाम पर एक 'दीर्घ संवाद' है। एक गर्भिणी कुनबी स्त्री, उसका पति, एक ब्राह्मण जोशी

इन तीन प्रमुख पात्रों के साथ जोशी की पत्नी, उसका भाई रामू, एक विदूषक, एक मुसलमान और एक पादरी जैसे गौण पात्र इसमें हैं। अर्थपूर्ण तथा संक्षिप्त संवाद नाटक का कथानक खोलते जाते हैं।

जोगाई नाम का गरीब कुनबी गर्भिणी स्त्री से उसके घर जाकर पुरोहित (जोशी) कहता है कि तुम्हारी राशि मकर है, और इस राशि में बैठा शनि तुम्हारी सन्तान के लिए हानिकारक होगा। तुम्हें चाहिए कि हर शनिवार को पंचमुखी मारुती की विधिवत पूजा करो तथा श्रावण माह में तेईस ब्राह्मणों को घी-रोटी का भोजन दो। स्त्री और उसका पति पूर्णतः अन्धविश्वासी और दैववादी हैं। पुरोहित पति-पत्नी हरसम्भव यह कोशिश करते हैं कि जितना निचोड़ते बने उतना निचोड़ लो। इसके लिए उनका मुख्य आधार है—धर्म-विधान! ख्रिस्ती धर्मोपदेशक कुनबी पति-पत्नी को सही मार्ग बताता है। ईश्वरोपासना का मूर्तिपूजा से कोई सम्बन्ध नहीं। ये लोग पूजा के नाम पर लूटते हैं। जब तक शिक्षा ग्रहण नहीं करोगे तब तक इस लूट से तथा अन्धविश्वास से मुक्ति नहीं होगी! पति को ख्रिस्ती धर्मोपदेशक की बात सही लगती है और अन्त में वह अपनी पत्नी के साथ जोतिबा के प्रौढ़ शिक्षा वर्ग में दाखिल हो जाता है।

विदूषक एक विशेष पात्र है। वह चतुरतापूर्वक सभी की कलई खोलता रहता है। लेकिन खिल्ली उड़ाना या धार्मिक शोषण का स्वरूप स्पष्ट करना ही प्रस्तुत नाटक का उद्‌देश्य नहीं है। जोतिबा यह बताना चाहते हैं कि बिना शिक्षा के बहुजन समाज का उद्धार सम्भव नहीं है। धर्म-परिवर्तन मुक्ति का मार्ग नहीं, मार्ग है ज्ञानार्जन! पानी, अन्न और ज्ञान पृथ्वी पर के तीन रत्न माने जाते हैं। इस अर्थ में नाटक का 'तृतीय रत्न' नाम सर्वथा सार्थक है।

जोतिबा की कविता

छत्रपति शिवाजी राजा भोसला का पवाड़ा—कुल 999 'अखंड' (अभंग), 'ब्राह्मणों का चातुर्य' और 'सत्यशोधक समाजोक्त मंगलाष्टक' जोतिबा की काव्य-रचना में समाविष्ट होंगे। उनकी कविता अर्थ में कविता नहीं है। उसका एक प्रयोजन है और वह विचार प्रबोधन का, नव समाज निर्मिति का है। जो कार्य मध्यकाल में कबीर,

दादू जैसे निर्गुणी सन्तों की कविता ने किया, वही कार्य आधुनिक काल में जोतिबा की कविता कर रही थी।

शिवाजी महाराष्ट्र की सर्वश्रेष्ठ प्रेरणा रहे हैं। वे क्षत्रिय थे। यहाँ के शूद्र-अतिशूद्र इस भूमि के मूल निवासी यानी 'क्षेत्रवासी' थे, और शिवाजी उनका वह कर्तृत्व-सम्पन्न राजा थे जिन्होंने अपने बाहुबल और बुद्धिबल पर यवनों को पराजित कर एक स्वतंत्र हिन्दू राज्य की निर्मिति की। इस कार्य में उन्हें उनके गुरु दादा जी कोंडदेव और समर्थ रामदास का बहुत सहयोग मिला, यह तक जोतिबा नकारते हैं। जिसकी दो-तीन पीढ़ियाँ राजनीति में मछली की तरह तैरती रही हों, उसे ऐसे किसी गुरु की आवश्यकता क्या है? शिवाजी की कहानी शूद्र माने गए क्षत्रियों के महा पराक्रम की कथा है। वे ब्राह्मण पेशवाओं के मालिक थे। कुनबी, माली, महार, मांग जैसे आज पाताल में गाड़े गए क्षत्रिय जनों को अपने ही वंश के इस महापराक्रमी राजा की कथा ज्ञात हो, इसलिए जाति से शूद्र यह किसान चारण उसे जनसाधारण की भाषा में लिख रखा है, ऐसा जोतिबा ने कहा है।[3] 'शिवराज भूषण' और 'शिवाबावनी' की रचना करनेवाला भूषण ब्राह्मण था। इस पवाड़े की रचना करनेवाला चारण 'कुलवाड़ी' यानी जमीन कसनेवाले समाज का प्रतिनिधि है। कुल आठ भागों में होनेवाला यह पवाड़ा शिव चरित्र की व्यापकता और कर्तृत्व सम्पन्नता को ओजस्वी तथा प्रसारित भाषा में व्यक्त करता है। रचना में सहजता और अन्धनिर्मिति है।

'ब्राह्मणों का चातुर्य' पद्यग्रन्थ 1869 में प्रसिद्ध हुआ। लगभग 20 पृष्ठों की यह छोटी-सी पुस्तिका ब्राह्मणों के शोषण-चक्र को स्पष्ट करती है। जोतिबा ने इसे महाराष्ट्र देश के उन्हीं गरीब, शूद्र, कुनबी, माली, महार, मांगों को अर्पण की है, जो इस शोषण-चक्र में सदियों से पिसते चले आ रहे हैं।[4] अपना उद्देश्य स्पष्ट करते हुए जोतिबा ने लिखा, "कुनबी, माला इत्यादि शूद्र लोगों में पुरोहितों की पुरोहितगिरी बहुत चलती है। अन्य जाति के और आज के पढ़े-लिखे लोग इसे नहीं जानते। जो पढ़-लिखकर विद्वान बन गए उन पर तो पुरोहितों का प्रभाव कम हो रहा है; लेकिन शूद्रों में यह स्थिति नहीं है। वहाँ आज भी बाजीराव के समय की पुरोहितशाही राज करती है। इन लोगों को उस पुरोहितशाही के बन्धन से मुक्त करने का यह एक अल्प प्रयत्न है।[5] पवाड़ा और अभंगों के नौ छोटे खंडों में हिन्दुस्तान में पुरोहित

वर्ग के आने के पहले सुस्थिति कैसी थी, आर्य ब्राह्मणों ने यहाँ के 'महाअरी' को गुलाम कैसे बनाया, मतलबी धर्मग्रन्थों के सहारे उन्हें जीवन-भर कैसे लूटा, इसकी विवेचना की गई है।

जोतिबा के 'अखंडों' का निश्चित रचना-काल नहीं मिलता। समय-समय पर उन्होंने इन 'अखंडों' को लिखा होगा।

इन अखंडों के विषय विविध हैं। उनका अध्ययन यह बताता है कि जोतिबा के मन में एक नये समाज की तस्वीर थी। वे यह भली-भाँति जानते थे कि पुरानी चातुर्वर्ण्य व्यवस्था में दरारें पड़ेंगी, वह टिकेगी नहीं। वे जिस समतावादी समाज को चाहते थे उस समाज के लिए आवश्यक सद्गुणों का वर्णन उन्होंने इन अखंडों में किया है। इसके विभाग में सभी मानवों का धर्म एक है, सभी पुरुषों की समानता, आत्म-परीक्षण, नीति, धैर्य, समाधान, सहिष्णुता, सद्विवेक, उद्योग, स्वच्छता, गृहकार्य दक्षता आदि से सम्बन्धित उपदेश हैं। विभाग दो में गणपति, आर्य ब्राह्मणों की वृत्ति, सत्यपाठ, ब्राह्मणों की वाणी, ढोंगी गुरु, ब्राह्मणों की भोंदूगिरी, शूद्रों से धन इकट्ठा करने का निषेध, दस्यु का पवाड़ा आदि से सम्बन्धित रचनाएँ हैं। विभाग तीन में बर्फ राजा तथा मानव मतभेद की स्तुति और महाराजा सयाजीराव गायकवाड़, बड़ौदा के किसान लक्ष्मण जगन्नाथ, वकील गंगाराम मृस्के तथा राव साहब मृस्के को लिखे पत्र हैं। विभाग चार में शूद्रादि अतिशूद्रों को उपदेश तथा आदि सत्य की आरतियाँ और विभाग पाँच में एक अपूर्ण काव्य है।[6]

जोतिबा को काव्य-भाषा ऊबड़-खाबड़, आक्रामक, कई स्थानों पर 'भदेस' और बेहद चुभती हुई है। यह स्वाभाविक भी था। कविता करना उनका उद्देश्य नहीं था। जनसाधारण तक, जो मुख्यतः निरक्षर हैं, पहुँचने का यह एक आसान मार्ग था। इसलिए जो बात कहनी है, वह जोतिबा ने बिलकुल सीधी, सपाट और स्पष्ट भाषा में कहना ठीक समझा। सूचकता, सांकेतिकता या अलंकारिकता को इस प्रकार के तीखे अनुभव कथन में कोई स्थान नहीं होता। सत्य कहनेवाले आदमी की भाषा का अपना एक तेज होता है। जोतिबा की उक्ति में वह तेज है। हृदय से वे यह चाहते थे कि गरीबों की दुनिया बदले। उन पर होनेवाले अत्याचारों को प्रत्यक्षतः उन्होंने देखा था। इसलिए इस निरीह, अपढ़ और प्रामाणिक समाज को चूसनेवालों के प्रति उनके मन में असन्तोष का लावा उबलता रहता था। उनकी पद्य-भाषा में यही

लावा उतरा है। प्रबोधन और प्रचार दोनों उन्हें अभिप्रेत ही थे। अत: एक ही बात उन्होंने बार-बार कही। पुनरुक्ति के इस दोष से बचना उनके लिए शायद सम्भव भी नहीं था। वे जिस समाज तक ज्ञान की गंगा पहुँचाना चाहते थे, उस समाज की ग्रहणशीलता, आकलन शक्ति औरों की तुलना में क्षीण थी। जब तक बार-बार उसे कुछ बातें समझा-बुझाकर नहीं बताते तब तक वह समझ नहीं पाता। इसलिए उन्होंने कई बातों को कई बार कहा है।

"कोई भी प्रासंगिक घटना पद्यबद्ध हुई तो वह कविता हो गई, ऐसी सम्भवत: उस समय मान्यता थी। रेलवे, रानी का हीरक महोत्सव, समाचार-पत्रों का चन्दा, दरिद्रता, सामाजिक आन्दोलन, राष्ट्र सभा आदि विषय भी उस समय पद्यबद्ध किये जाते थे। तत्कालीन पीढ़ी की यह एक खासियत थी।"

जोतिबा का गद्य-वाङ्मय

जोतिबा का गद्य तत्कालीन गद्य साहित्य में अपना विशिष्ट स्थान रखता है। उनके सभी गद्य ग्रन्थों का उद्देश्य एक ही है—प्रस्थापित अन्यायी, विषम समाज-व्यवस्था के कारणों का स्पष्टीकरण और उच्छेदन तथा मानवता प्रधान नूतन समाज की रचना। 'गुलामगिरी' (1873) उनकी प्रथम गद्य रचना है। इस पुस्तक को उन्होंने युनाइटेड स्टेट के उन सदाचारी लोगों को समर्पित किया है, जिन्होंने निग्रों गुलामों को दासता से मुक्त करने की उदारता दिखाई है। अफ्रीका के निग्रों की तरह, द्रविड़, भील, महार, मांग इत्यादि यहाँ के मूल निवासी थे। बाहर से आए हुए ब्राह्मण आर्यों के साथ उन्होंने अपने अस्तित्व के लिए बड़ा संघर्ष किया लेकिन वे सफल न हो सके। विजेता आर्यों का मत्स्य, कूर्म, वराह, नरसिंह, वामन, परशुराम इत्यादि का भागवत में होनेवाली कथाएँ केवल कल्पना विलास मात्र हैं, यह बताकर जोतिबा ने काल्पनिक धर्मग्रन्थों में व्यक्त हिन्दू आचार-विचारों पर कड़ी टिप्पणी की है। आदिनारायण के इन अवतारों की उन्होंने जमकर खिल्ली उड़ाई है।

कुल 16 अध्यायों में विभाजित इस ग्रन्थ के प्रारम्भिक नौ अध्याय भारतीय समाज पर होनेवाले ब्राह्मणों के सीमाहीन अधिकारों का इतिहास बताते हैं। शेष सात अध्यायों में अंग्रेजी राज में होनेवाले अत्याचारों का स्वरूप स्पष्ट किया गया

है। गुलामी दोनों ओर थी। एक के काल में समाज मानसिक दृष्टि से पंगु और गुलाम था, दूसरे के काल में राजनीतिक और सामाजिक गुलामी के बन्धन कड़े थे। किसी भी प्रकार की गुलामी से जोतिबा को चिढ़ थी और वे उसके साथ हर तरह का संघर्ष करने के लिए कटिवद्ध थे।

पूरा ग्रन्थ प्रश्नोत्तर रूप में है। जोतिबा के शिष्य टीडिबा प्रश्न पूछते हैं और जोतिबा उन प्रश्नों का तार्किक उत्तर देते हैं। हर तरह की अन्धश्रद्धा को तोड़नेवाला यह विवेचन पूर्णत: बुद्धि प्रामाण्यवादी है। इसमें व्यक्त ऐतिहासिक तथ्यों के बारे में दो मत हो सकते हैं, लेकिन लेखक की प्रामाणिकता के बारे में दो मत नहीं हो सकते।

'गुलामगिरी' की भाषा 'पत्थर मार' भाषा है। असंख्य शब्दों की व्युत्पत्ति जोतिबा ने स्वतंत्र रूप में ढूँढ़ी है। मनुष्य को गुलाम बनानेवाली व्यवस्था के प्रति जो क्रोध और द्वेष उनके मन में था, वह बड़े आवेश के साथ 'गुलामगिरी' की भाषा में और प्रतिपाद्य में उतरा है। वह प्रस्थापित धर्म ग्रन्थ, प्रस्थापित, धर्माचार, प्रस्थापित देवी-देवता और प्रस्थापित मान्यताओं के परखच्चे उड़ाती हुई तेज तलवार की तरह चलती है। उसके घावों से लहूलुहान होनेवालों की संख्या उस जमाने में कम नहीं थी। 'गुलामगिरी' का बहुत विरोध हुआ था। लेकिन महाराष्ट्र के समाज जीवन को आद्यन्त आन्दोलित कर देनेवाले इस ग्रन्थ की महत्ता धीरे-धीरे लोगों की समझ में आती गई।

जोतिबा का दूसरा गद्य ग्रन्थ है—'किसान का कोड़ा' (1883), जो उनकी मृत्यु के बाद प्रकाशित हुआ। 'किसान का कोड़ा' किसान जीवन की दुर्दैवी गाथा है। 'शूद्र किसानों के बचाव के लिए' जोतिबा ने इसे लिखा। ग्रन्थ के उद्‌देश्य के बारे में वे लिखते हैं कि फिलहाल शूद्र किसान धर्म और राज्य सम्बन्धी कई कारणों से अत्यन्त विपन्नावस्था में आ पहुँचे हैं। इन कारणों में से कुछ का विवेचन करने के हेतु से इस ग्रन्थ की रचना की गई है।[7] तत्कालीन महाराष्ट्र के निम्न और मध्यवर्गीय किसानों के प्रश्नों की विशद चर्चा इस ग्रन्थ में की गई है। कुल पाँच प्रकरणों में विभाजित इस ग्रन्थ के पहले अध्याय में सभी सरकारी विभागों में ब्राह्मण कर्मचारियों की तूती बोलती है; वे सब स्वार्थ के लिए गरीब किसानों को किस तरह झाँसा देते रहते हैं, इसका विवरण है। दूसरे अध्याय में सरकारी गोरे अधिकारी किसानों की वास्तविक स्थिति की ओर कैसे आनाकानी करते हैं, तथा उनकी बेपरवाही के

कारण औरों को किसानों को लूटने की सहूलियत कैसे मिलती है, इसका मार्मिक वर्णन है। तीसरे अध्याय में आर्य ब्राह्मणों का ईरान से आगमन कैसे हुआ, वे यहाँ पर किस तरह स्थापित होते गए; आज की सरकार किसानों पर कैसे और कितने कर लादती है और उसके परिणामस्वरूप किसान कितना कर्जदार बनता है, इसका वर्णन है। चौथे अध्याय में किसानों को खेती की अवस्था और पाँचवें अध्याय में जोतिबा ने किसानों की अवस्था सुधारने के लिए सरकार क्या-क्या उपाय करे, इसका दिग्दर्शन किया है।

किसान जीवन का ऐसा विस्तृत और सर्वव्यापी विचार उस समय जोतिबा के अलावा और किसी ने नहीं किया था। प्रस्तुत ग्रन्थ की महत्ता इसी में है। 1885 में जोतिबा ने 'सत्सार' नामक एक नियतकालिक शुरू किया था। इसके दो अंक प्रकाशित हुए। प्रथम अंक में ब्राह्मण, शूद्र तथा कोंडाजी, जोतिबा और यशवन्त के मध्य तथा दूसरे अंक में यशवन्त फुले (जोतिबा के मानस पुत्र) और जोतिबा के मध्य वार्तालाप है। ब्रह्म समाज तथा प्रार्थना समाज की उस समय भूमिका, भिन्न जाति के स्त्री-पुरुष सम्बन्धों से उत्पन्न सन्तति की सामाजिक स्थिति और ब्राह्मणों की धर्म कल्पना की चर्चा है। दूसरा अंक धूर्त आर्य तथा पुरुष समाज स्त्रियों पर कैसे-कैसे अत्याचार करता आया है, इसकी विवेचना करता है। 'सत्सार' के इस अंक को स्त्री-मुक्ति आन्दोलन की पहली क्षीण ध्वनि मानना चाहिए। पंडिता रमाबाई और ताराबाई शिन्दे जैसी पढ़ी-लिखी विद्वान स्त्रियों को तत्कालीन पारम्परिक समाज सह नहीं पा रहा था। ताराबाई शिन्दे की पुस्तक 'स्त्री-पुरुष तुलना' की और स्त्रियों के लिए पृथक अंग्रेजी स्कूल शुरू करनेवाली विलायत से आई हुई पंडिता रमाबाई की कुछ समाचार-पत्रों ने घोर निन्दा की थी। जोतिबा ने इन निन्दकों को बुरी तरह लताड़कर इन दोनों महिलाओं की ज्ञाननिष्ठा की प्रशंसा की है। ब्राह्मण वर्ग ने तो स्त्रियों के लिए ज्ञान के रास्ते ही बन्द कर दिये थे। अंग्रेजों के कारण वे खुल गए। इसलिए जोतिबा ने अंग्रेज़ों की भी प्रशंसा की है।

1885 में प्रकाशित 'इशारा' उनकी एक छोटी-सी पुस्तिका है। "जिस तन लागे वहि तन जाने। बीजा क्या जाने गव्हारा रे।" इस उक्ति को उद्धृत करते हुए जोतिबा ने जाति-व्यवस्था के कारण शूद्रों, अतिशूद्रों पर क्या-क्या बीतती है, शूद्र किसानों को किस तरह जीना पड़ता है, इसकी विवेचना की है। न्यायमूर्ति रानडे जी ने कभी यह

कहा था कि तीस वर्ष पहले के किसानों से आज के शूद्र किसानों की हालत अच्छी है। दूसरा एक मन्तव्य यह था कि जाति-भेद देश की उन्नति में कतई बाधक नहीं है। जोतिबा ने इन दोनों विधानों की निरर्थकता 'इशारा' में साधार स्पष्ट की है।

राजा कोई भी हो, अंग्रेज या अंग्रेजों के पूर्व के, सभी ने शूद्र और अतिशूद्रों की ओर दुर्लक्ष्य ही किया है। आर्य ब्राह्मणों के राज में और मुसलमान राजाओं के काल में प्रजा पर बेहद अत्याचार होते रहे। इन्हें सबसे ज्यादा भुगता शूद्रों ने। जाति-व्यवस्था के कारण ब्राह्मण वर्ग ने निम्न जातियों को सदा गुलाम बनाकर रखा। तन तोड़कर काम शूद्र करे और बैठे-ठाले ब्राह्मण पेट भरें, ऐसी अवस्था थी। क्या कभी किसी ब्राह्मण ने मैले की टोकरियाँ सर पर उठाकर पेड़ों की जड़ में डाली है? यह सवाल पूछते हुए जोतिबा ने बताया है कि श्रम-विभाजन का तत्कालीन तत्त्व ही मूलत: अन्याय और गलत था। गोरे लोगों की सरकार बनी तो किसानों की स्थिति में सुधार आया अवश्य, लेकिन सुधार के भागी इने-गिने ही थे। शेष सारे तो नि:सर्ग की मर्जी पर जीते रहे। उसकी गैरमर्जी होते ही साहूकारों से कर्जा लेते रहे, और कर्जे के कारण अन्त में पूरी तौर पर कंगाल भी होते रहे। उच्च वर्णों ने कभी निम्न वर्णों की इस बेहाली की ओर ध्यान नहीं दिया, इसका खेद जोतिबा ने बार-बार व्यक्त किया है। किसानों की हालत पहले से बेहतर है, इसका आधार क्या? उसका अधिकांश आज भी भयानक विपन्नता में जीने के लिए कैसे मजबूर है, यह जोतिबा ने स्पष्ट किया है। 'इशारा' छोटी पुस्तिका है, लेकिन उसका कथ्य बहुत मार्मिक और बहुत वास्तववादी है। 'सार्वजनिक सत्य धर्म पुस्तक' (1881) जोतिबा का अन्तिम ग्रन्थ है, जो उनकी मृत्यु के बाद प्रकाशित हुआ। धर्म और ईश्वर इन दोनों संकल्पनाओं की कड़ी टीका-टिप्पणी करते रहने के बावजूद इन दोनों के प्रति जोतिबा की आस्था कम नहीं हुई। उस 'निर्मिक' ने यह सारा जगत निर्माण किया है। अगर सब स्त्री-पुरुष उसका हार्दिक स्मरण करते हैं और एक-दूसरे के साथ भाईचारे से रहते हैं तो उस 'निर्मिक' को सर्वाधिक आनन्द होगा। यह कैसे हो, यह बताने के लिए 'सार्वजनिक सत्य धर्म पुस्तक' की रचना की गई। यशवन्त, जोतिबा, गोविन्द राव, गुंडीराव, लक्ष्मण आदि के आपसी वार्तालाप के द्वारा सुख, धर्म ग्रन्थ, निर्माणकर्ता, पूजा, नाम-स्मरण, नैवेद्य, अनुष्ठान, स्वर्ग, स्त्री-पुरुष, पाप-पुण्य, जाति-भेद, पशु-पक्षी और मानव प्राणी में भेद, धर्म, नीति, तर्क, दैव, आर्यभट्ट

ब्राह्मणों के वेद और सार्वजनीन सत्य से उसकी तुलना, सत्य, आकाश के ग्रह, जन्म, कन्या एवं पुत्र का नाम संस्कार इत्यादि, विवाह, दुष्टाचरण, मृत्यु, प्रेतगति तथा श्राद्ध आदि विषयों पर जोतिबा की मान्यताएँ स्पष्ट होती जाती हैं। संक्षेप में, यह ग्रन्थ जोतिबा के धर्म-विषयक विचारों का सार तत्त्व प्रकट करता है। ईश्वर है लेकिन उसे पाने के लिए बाह्य कर्मकांडों की जरूरत नहीं है। सत्य के मार्ग पर निष्ठापूर्वक चलकर उसे जाना जा सकता है। शुद्ध भाव और अनन्य निष्ठा ही उस 'निर्मिक' की तथा धर्म की सच्ची पहचान करा देगी।

सर्वसामान्य आदमी निराकार ईश्वर और विधि-विधान रहित धर्म को आसानी से ग्रहण नहीं कर पाते। उनके लिए कुछ अत्यावश्यक और आसान धार्मिक विधि का विवरण प्रस्तुत ग्रन्थ के अन्त में जोतिबा ने दिया है।

जोतिबा का यह पद्य और गद्य साहित्य अपना एक अलग महत्त्व रखता है। जोतिबा ने इस साहित्य की रचना उस समाज के लिए की जो यहाँ का मूल निवासी, पददलित, निरक्षर और सदियों से दुर्लक्षित है। इस विशाल समाज का सारा सुख-दुख उनके साहित्य में प्रतिबिम्बित हुआ। वे उस समाज को जगाना भी चाहते थे और चेताना भी चाहते थे। विदग्ध मन जिन साहित्य रूपों को तत्काल ग्रहण करता है, वे रूप इस समाज को जगाने या चेताने के लिए उपयोगी नहीं थे। वे उन्होंने अपनी साहित्य रचना को, जहाँ तक बन पड़े, लोकधर्मी बनाया। अनुभव में आए हुए सत्य को कभी सीधी-सपाट भाषा में, कभी उपदेशों में, कभी उपहास-उपरोध का उपयोग करते हुए, कभी आत्मीय संवादों द्वारा पाठक तक पहुँचाते जाना उनकी विशेषता थी। वे अधिकांशतः बोली-भाषा का प्रयोग करते हैं और उन सभी भले-बुरे शब्दों का निःसंकोच उपयोग करने में नहीं हिचकिचाते, जो ग्रामीणों की बातचीत में सहजतः आते रहते हैं।

"काल सन्दर्भ को ठीक समझकर और परम्पराओं का योग्य मान रखकर निरपेक्ष वृत्ति से अगर महात्मा फुले का साहित्य पढ़ें तो वे नामदेव, तुकाराम, रामदास अपनी पवाड़ा-शहीदों की परम्परा में दिखाई देंगे। इन भक्त शाहिरों के साहित्य की जो रचना प्रवृत्ति है वही महात्मा फुले के साहित्य की है। भाषा और आशय के सन्दर्भ में फर्क पड़ेगा। भक्त परमार्थवादी थे तो फुले भौतिक मानवतावादी। लेकिन दोनों ने अनुभूतिजन्य सत्य को सच्चे मन से सामान्य जनों

को कहा। इस दृष्टि से भक्त और महात्मा फुले दोनों अपने-अपने समय के प्रबोधनकार सिद्ध होते हैं।"[8]

एक मानवतावादी प्रबोधनकार के साहित्य का हेतु अधिक उत्तम समाज की निर्मिति के अलावा अन्य हो नहीं सकता।

जोतिबा का लेखन विपड़नी है। हिन्दी में ठीक ऐसा लेखन 1920-25 के आसपास श्री राधा मोहन गोकुल जी ने किया है। उनका 'विप्लव' निबन्ध-संग्रह 1832 में प्रकाशित हुआ जो स्थान-स्थान पर जोतिबा के लेखन की याद दिलाता है। लेकिन अपने समय में इस तरह सोचने, लिखने और प्रत्यक्षतः कृति करनेवाले महाराष्ट्र में ही नहीं पूरे भारतवर्ष में जोतिबा शायद अकेले ही थे। उनका पूरा साहित्य भारतीय जनक्रान्ति के मूल तत्त्वों को विशद करनेवाला दस्तावेज है। उनके अपने शब्दों में कहना हो तो "'शूद्रादि अतिशूद्रों की परिस्थिति का नापदंड' उनके वाङ्मय से मिलेगा।...नकार, विद्रोह, विज्ञान, संकल्प और रचना उनके वाङ्मय की पंचसूत्री है।"[9]

सन्दर्भ

1. मराठी वाङ्याचा इतिहास, खंड 4, पृ. 502
2. महात्मा फुले, समग्र वाङ्मय, पृ. 505 से 533
3. वही
4. वही, पृ. 45 से 64
5. वही, पृ. 43, प्रस्तावना
6. वही, पृ. 447 से 501
7. वही, पृ. 189, उपोद्घात
8. महात्मा फुले गौरव ग्रन्थ, डॉ. आनन्द यादव का लेख, पृ. 615
9. वही, पृ. 661-664

जोतिबा : कर्तृत्व और प्रभाव

महात्मा जोतिबा फुले को अपने समय का 'युग-द्रष्टा' कहना चाहिए। मराठाशाही का अस्त और अंग्रेज साम्राज्य के उदय के सन्धिस्थल पर वे खड़े थे, इसलिए बीता हुआ 'कल' और आनेवाला 'आज' इनमें अपने समाज की यानी शूद्र-अतिशूद्रों की क्या स्थिति थी और रहेगी इसे वे ठीक-ठीक भाँप सके। यह अचरज की बात थी कि अतिशूद्र जाति में जन्म लेनेवाला एक सामान्य मनुष्य महाराष्ट्र में सामाजिक प्रबोधन की वह 'ज्योति' जला रहा था, जिसका प्रकाश सौ सालों के बाद भी फीका नहीं पड़ा। आधुनिक महाराष्ट्र के निर्माण में इसीलिए महात्मा जोतिबा का अन्यतम स्थान है।

1817 में पेशवाओं की सत्ता हटी और महाराष्ट्र अंग्रेजों का गुलाम हुआ। वैसे इस गुलामी से पहले भी बहुजन समाज गुलाम ही था। अछूत उच्च वर्णों के गुलाम थे। महिलाएँ पुरुष प्रधान व्यवस्था की गुलाम थीं। बँधुआ मजदूर अमीरों के गुलाम थे। बहुसंख्य जनता अन्धविश्वास, रूढ़ि, परम्परा की गुलाम थी। कुल मिलाकर गुलामी का दायरा बहुत बड़ा था और उस एक दायरे के भीतर और कई दायरे थे। राजकीय दासता के पहले यहाँ सामाजिक, धार्मिक और इनके साथ साए की तरह चलनेवाली आर्थिक दासता का वर्षों से डेरा पड़ा हुआ था।

दासता के इस सर्वव्यापी दानवी रूप के खिलाफ जिन्होंने खुली जंग छेड़ी उनमें महात्मा जोतिबा फुले अग्रस्थान पर थे। जाति-व्यवस्था के कारण किसान, मजदूर, महार, मांग, कुनबी, आदिवासी तथा अन्य निम्न जातियों पर जो अन्याय हो रहा था उसके खिलाफ खड़े होने का साहस सबसे पहले जोतिबा ने दिखाया। समाज का एक बृहद् वर्ग धर्म के नाम पर लादी गई जानलेवा मानसिक गुलामगिरी भुगत

रहा था। पारम्परिक धर्म के खिलाफ बगावत करना सभी कालों में, सभी देशों में खतरनाक कार्य माना गया है। इस व्यवस्था को खुली चुनौती देते हुए जोतिबा ने कहा था कि—

> अभी-अभी पेशवाओं के समय तक मेरे शूद्र बान्धवों पर जो अत्याचार और जुल्म लादे गए ने अमेरिका के गुलामों पर लादे गए। जुल्मों से ज्यादा भयंकर थे, इस सड़ान्ध और सभी प्रकार की अनिष्टता के नीचे भारत गत कितने ही सालों से दबा जा रहा है। स्वार्थी रूढ़ियों और अन्धश्रद्धाओं को इसका श्रेय देना होगा। इस आत्यन्तिक स्वार्थी और जुल्मी पन्थ के उदय से आदिवासी जनता को कुछ लाभ हुआ भी या नहीं कहना कठिन है।...ब्राह्मणों ने हर बड़े और छोटे उद्योगों में, हर घरेलू और सार्वजनिक व्यवहारों में अपने-आपको शूद्रों के चारों ओर इस तरह लपेट लिया है कि उन बेचारों को आदतन ब्राह्मणों की मदद के बिना कोई काम करना सम्भव ही नहीं रहा।

जोतिबा के समय का समाज बदलने की कोशिश औरों ने भी की, लेकिन उनकी मर्यादाएँ थीं। श्री बालशास्त्री जाम्भेकर ने 'दर्पण' और दिग्दर्शन के द्वारा नया ज्ञान लोगों तक पहुँचाने की कोशिश की। श्री गोपाल हरी देशमुख उपाख्य लोकहितवादी ने जाम्भेकर से आगे की जमीन तोड़ी। जाम्भेकर जी अपने प्रतिपादन के लिए शास्त्रों से आधार ढूँढ़ते थे। लोकहितवादी ने धर्म और शास्त्र दोनों नकारे। वे प्रक्षोमक भाषा में लिखते-बोलते थे लेकिन अपने विचारों के अनुसार प्रत्यक्षत: कोई कार्य करने का साहस उन्होंने नहीं दिखाया! न्या. महादेव गोविन्द रानडे केवल आधुनिक महाराष्ट्र के लिए ही नहीं, पूरे आधुनिक भारत के लिए एक आदरणीय नाम है। वे राजनीति में शुद्धता के आग्रही और भारत सेवक समाज के माध्यम से चारित्र्य सम्पन्न कार्यकर्ताओं की एक परम्परा निर्माण करनेवाले नेता थे। सामाजिक सुधार वे भी चाहते थे लेकिन इन सुधारों के लिए प्रत्यक्षत: जो संघर्ष करना पड़ता है, उसे वे नहीं चाहते थे। न उन्होंने भारत की आर्थिक लूट करनेवाले अंग्रेजों के खिलाफ उग्र भूमिका की, न अन्यायी धर्म-व्यवस्था के खिलाफ बगावत का झंडा खड़ा किया। न्या. गोखले जी की श्रेष्ठता वादातीत है,

लेकिन जब सामाजिक प्रबोधन में प्रत्यक्ष कार्य करने की बात उठती है, तो उनकी भूमिका पर प्रश्नचिह्न लगता है। वे परम्पराप्रिय भी थे और लोकमत के दबाव के आगे उन्हें बार-बार झुकना भी पड़ा है। जोतिबा के समकालीनों में और एक नाम है...भाऊ दाजी लाड। लेकिन उनकी दृष्टि में समाज-सुधार के आन्दोलन गौण, राजनीतिक आन्दोलन प्रधान थे।

'प्रार्थना समाज', 'ब्रह्म समाज' और 'आर्य समाज' ये तीनों समाज अपनी-अपनी दृष्टि से सामाजिक सुधारों के अन्दोलन चला रहे थे! 'प्रार्थना समाज' और 'ब्रह्म समाज' के कार्यों की कुछ सीमाएँ थीं।

आर्य समाज जरूर क्रान्तिकारक था। दस साल में उसने लाखों शुद्रों को शुद्ध कर हिन्दू धर्म में लिया, विधवा-विवाह करवाए, जाति-भेद पर कराने हमले भी किए। लेकिन वह एकान्त वेदनिष्ठ और कर्मठ याज्ञिक समाज था। एक ओर सारे सुधार चाहिए और दूसरी ओर इन सुधारों के लिए वेदों का समर्थन भी चाहिए!! मतलब फिर वही सामाजिक गुलामगिरी जिसके लिए जोतिबा का संघर्ष चल रहा था। यही बात है जो महात्मा जोतिबा फुले को अपने समकालीनों से अलग करती है। वे यह तय कर चुके थे कि इस दकियानूस समाज को बदलना है और पूरा संघर्ष करके बदलना है। परम्परावाद जिन श्रद्धाओं से बल प्राप्त करता है, जोतिबा उन श्रद्धाओं को ही उखाड़ डालना चाहते थे। पंडिताई उनके पास नहीं थी, लेकिन जूझने की अद्‌भुत सामर्थ्य तो थी ही।

हरेक समाज, जो अपना विकास चाहता है, सोच-समझकर परम्पराओं की रचना करता है, उन्हें जतन से पालता है। लेकिन यही परम्पराएँ आगे चलकर जब उस समाज के विकास की जड़ खोदने लगती हैं, तब उन्हें उखाड़ फेंकने के लिए जोतिबा जैसे महात्माओं की आवश्यकता पड़ती है। केवल विचारों के प्रतिपादन से जब यह काम नहीं होता तब वह कृति करनी पड़ती है, जो नये विचारों को आधार दे सके। जोतिबा श्रीमती दुर्गा भागवत जी के शब्दों में कहें तो विचार और कृति साथ-साथ करनेवाले 'रेव्होल्यूशनरी क्रिटिक' थे।

समाज मुक्त व्यक्तियों का एकात्म समुदाय होता है। सामाजिक स्तर पर सभी समान रहें और व्यक्ति के स्तर पर हर किसी को सम्मान के साथ जीना सम्भव हो, ऐसी व्यवस्था आदर्श व्यवस्था मानी जाएगी। इस व्यवस्था में व्यक्ति पर किसी

के नाजायज बन्धन नहीं चाहिए—न धर्म के, न राज के, न परम्परा के और न मान्यताओं के।

व्यक्ति अपने आन्तरिक सद्सद विवेक-बुद्धि के बन्धनों को अवश्य मानेगा, क्योंकि अन्ततः स्वतंत्रता की रक्षा के लिए कुछ बन्धनों को स्वीकार करना ही पड़ता है।

जोतिबा ऐसा समाज चाहते थे; और उस समाज की रचना में जाति-व्यवस्था उन्हें सबसे बड़ा रोड़ा लगती थी। परिणामतः उस पर कठोर आघात करना उनके लिए अत्यावश्यक ही था। धार्मिक मान्यताएँ ही अधिकांशतः समाज व्यवहार का नियंत्रण करती हैं। अपने समय में इन रूढ़िवादी मान्यताओं पर तीव्रता से टूट पड़ने वाले वे अकेले समाज-सुधारक थे। उनका संघर्ष मनुष्य मात्र की दास्य मुक्ति के लिए था, किसी एक जाति की मुक्ति के लिए नहीं। "तेली-तम्बोलियों के नेता कालान्तर से महाराष्ट्र में निर्माण हुए, लेकिन 'कुनवाड़ी', 'कुनबी', 'किसान', 'धमगर', तेली, माकी, साकी, महार, मांग और स्त्रियों का क्रान्तिकारी तथा मानव-मुक्ति की लगन होनेवाला पहला महान नेता महाराष्ट्र में जोतिराव गोविन्द राव फुले के अलावा—जो शूद्र वर्ण में जन्मा और नीच श्रेणी में गिना गया, दूसरा नहीं हुआ।"[1]

जोतिबा ने अपने समय के सभी सामाजिक आन्दोलनों का खुलकर समर्थन किया, शूद्र-अतिशूद्रों पर होनेवाले अत्याचारों ने उन्हें जितना व्यथित किया उससे अधिक व्यथा स्त्रियों की दुर्दशा देखकर उन्होंने झेली। 'ढोल, गँवार, शूद्र, पशु, नारी। ये सब ताड़न के अधिकारी' उनके समय में भी थे। स्त्री को इस ताड़ना से मुक्त करना है तो उसे व्यक्ति के रूप में स्वतंत्र स्थान देना होगा और इस स्वतंत्रता का मुख्य मार्ग है—ज्ञान प्राप्त करना।

"स्त्री-शिक्षा के बारे में जोतिबा ने जो युग प्रवर्तक काम किया, उसके लिए तत्कालीन परदेसी सरकार ने भी उनका सत्कार किया। यहाँ यह ध्यान में रखना जरूरी है कि यह काम उन्होंने 1852 में किया। न्या. रानडे तब केवल दस साल के थे। सामाजिक सुधार के समर्थक गोपाल गणेश आगरकर और महिला विद्यापीठ के संस्थापक केशव कर्वे जैसे अबलाओं की उन्नति के लिए भविष्य में कार्य करनेवाले सुधारकों का तब जन्म भी नहीं हुआ था। पूरे भारत में स्त्री-शूद्रों के उद्धार कार्य का श्रीगणेश जोतिबा ने ही किया। समाज-सुधार का यह शंखनाद सबसे पहले महाराष्ट्र में हुआ।"[2]

महाराष्ट्र की आज की स्त्री-शिक्षा के भव्य महल की नींव जोतिबा और उनकी पत्नी सावित्रीबाई ने डाली। शिक्षा से तत्कालीन बहुजन समाज का वर्षों से सम्बन्ध नहीं था, स्त्रियों का तो कतई नहीं। 19वीं सदी में स्त्रियों के लिए तथा अछूतों के लिए ज्ञान की जो क्षीण धारा प्रस्फुटित हुई उसी को बाद में राजर्षि शाहू, महर्षि शिन्दे, कर्मवीर भानुराव पाटील तथा महर्षि कर्वे ने एक विशाल प्रवाह में बदल दिया। शिक्षा सभी के लिए मुक्त हो, ऐसा कहनेवाले जोतिबा आज की सर्वाधिक शिक्षा-पद्धति के जन्मदाता माने जाएँगे। आज का महाराष्ट्र शासन जब 1200 रु. तक की कमाई होनेवाले पालकों के लड़के-लड़कियों के लिए मुफ्त शिक्षा देने का क्रान्तिकारी निर्णय लेती है तो उस निर्णय की मूल प्रेरणा जोतिबा फुले और राजर्षि शाहू के कार्यों से आती है, इसे नहीं भूलना चाहिए।

सावित्रीबाई (1831-1897) की प्रेरणा ही आगे चलकर डॉ. आनन्दी बाई गोपाल जोशी, पंडिता रमाबाई, डॉ. रखमाबाई, ताराबाई शिन्दे, रमाबाई रानडे, काशीताई कानिटकर, आनन्दीबाई उपाख्य बाया कर्वे, डॉ. कृष्णाबाई केवलकर, राधाबाई कृष्णराव केवलकर इत्यादि कर्तृत्व सम्पन्न महिलाओं में उतरीं और सारे महाराष्ट्र के स्त्री-जीवन में उत्थान की एक प्रचंड लहर चल पड़ी।

किसानों के बारे में जोतिबा जो विवरण देते हैं उसे ध्यान से देखिए। बढ़ती हुई जनसंख्या मध्य और निम्न वर्गीय किसानों की दरिद्रता का एक प्रमुख कारण है, यह उन्होंने बार-बार कहा। खेतों में होनेवाली उपज का ठीक-ठीक मुआवजा मिलना ही चाहिए, इसके लिए वे आग्रही थे। सरकार जो कर लादती है वे कम होने चाहिए, यंत्रों के कारण हस्तोद्योगों का नुकसान हो रहा है, इसलिए यंत्रों पर कुछ हद तक रोक लगे और वह नहीं होता है तो कम-से-कम हस्तोद्योगों को सुरक्षा प्रदान की जाए, सेठों-साहूकारों से किसानों को बचाया जाए, उन्हें खेती का आधुनिक ज्ञान मिले, इन सब बातों के लिए वे सदा संघर्षशील रहे। जोतिबा की चिन्तन-प्रणाली में किसानों का स्थान अहम रहा है। किसानों के बेटे जब तक पढ़-लिखकर ज्ञान प्राप्त नहीं कर लेते तब तक आज की स्थिति से उबर नहीं सकते, इस बात का उन्हें पूरा भरोसा था। जितनी आत्मीयता के साथ उन्होंने अछूतों की और, स्त्रियों की शिक्षा के लिए कोशिश की, उतनी ही आत्मीयता से उन्होंने किसानों की शिक्षा के लिए भी की।

शूद्र-अतिशूद्र, महिला और किसान इन तीनों के प्रश्नों को लेकर मूलगामी चिन्तन तथा कार्य करनेवाले जोतिबा को इसीलिए महाराष्ट्र के सामाजिक समता आन्दोलन के प्रणेता के रूप में माना जाता है।

धर्म के खिलाफ जेहाद पुकारनेवाले जोतिबा के सारे कार्यों के पीछे एक आस्तिक्य बुद्धि थी। न उन्होंने धर्म त्याग की बात की, न धर्म-परिवर्तन की। जातिभेद न होने के कारण इस्लाम अधिक उदार और दयामय है, ऐसा वे मानते थे। ख्रिस्ती मिशनरियों के प्रभाव के कारण उनके धर्म का सेवा भाव उन्हें आकर्षित करता था। लेकिन इनमें से किसी धर्म को अपनाने की बात उन्होंने सोची ही नहीं थी। धर्म की नींव निकाल लेंगे तो जिस समाज के उत्थान के लिए संघर्ष कर रहे हैं, वह समाज भहराकर गिर पड़ेगा इसे वे जानते थे। आगे चलकर जोतिबा को अपने गुरु माननेवाले डॉ. बाबा साहब अम्बेडकर जी ने हिन्दू धर्म का त्याग अवश्य किया, लेकिन बिना बौद्ध धर्म को स्वीकार किए वे भी रह न सके। समाज में परिवर्तन लानेवाले विचार अधिकांशतः परम्परावादी मन में ही पैदा होते हैं। जोतिबा का मन इस तरह का था। एक ओर धर्म तथा ईश्वर की संकल्पनाओं से जुड़ा हुआ, दूसरी ओर तत्सम्बन्धी हर प्रकार के ढकोसलों पर आग की तरह बरसनेवाला।

जोतिबा के समय में भी देश की स्वतंत्रता के विचार को प्रधानता देनेवाली एक पीढ़ी थी। राष्ट्रीय स्वतंत्रता के लिए प्रयत्न 1857 से ही शुरू हो गए थे। जोतिबा अंग्रेजों के खिलाफ चलनेवाले किसी भी आन्दोलन के पक्ष में नहीं थे। 'सामाजिक प्रबोधन के अग्रदूत' माने जानेवाले राजा राममोहन राय की भी यह मान्यता थी कि ब्रिटिशों के आगमन के कारण भारत धार्मिक गुलामगिरी से मुक्त हो रहा है! जोतिबा तो इसे मानते ही थे। उनकी कुछ सीमाएँ थीं, उन्हें हम समझ लें।

महान नेताओं की भी अपनी कुछ मर्यादाएँ होती हैं। यह आवश्यक नहीं कि हम उनका हर शब्द प्रमाण मानें। जोतिबा युगपुरुष थे, परन्तु कुछ बातों का सम्यक आकलन उनके लिए भी सम्भव नहीं हुआ।

धर्म और धर्म संलग्न मिथकों पर टीका-टिप्पणी अवश्य की जा सकती है, लेकिन उनकी सार्थक समीक्षा के लिए विशेष अध्ययन और विशेष सहानुभूति की आवश्यकता होती है। अन्यथा जो निष्कर्ष निकलेंगे वो गलत होंगे। जोतिबा ने धर्मों का तथा पुराकथाओं का तुलनात्मक अध्ययन नहीं किया था। अतः ब्रह्मा का अपनी

कन्या से रत होने का तथा अन्य पुराकथाओं का वास्तविक अर्थ वे नहीं लगा पाए।[3] आर्यों के भारत के बाहर से आने की उनकी मान्यता भी आधुनिक इतिहास की खोजों पर खरी नहीं उतरती।

किसानों की जमीन जमींदार हड़प लेते हैं, इसलिए जोतिबा क्षुब्ध थे। लेकिन जमींदारों को यह अधिकार अंग्रेज सरकार के कानून ने दिया था, यह बात उनकी समझ में नहीं आती। अंग्रेजी राज, उसका इतिहास और उसकी अर्थनीति के 'आक्टोपस' को वे जान नहीं पाए। श्री नरहर कुरुन्दकर जी के शब्दों में वे "नौन अकेडेमिक कार्यकर्ता" थे। लेकिन इससे उनकी महत्ता में कोई कमी नहीं आती।

जोतिबा के 'सत्यशोधक समाज' का आन्दोलन सही अर्थ में क्रान्तिकारी आन्दोलन था। दुर्भाग्य से आगे चलकर वह ब्राह्मण और गैर-ब्राह्मणों के—विशेषत: ब्राह्मण विरुद्ध मराठा के रूप में बदल गया। जिस स्थिति में वह जोतिबा के मन में था, प्रत्यक्षत: उसका वही रूप होता जो उसे एक राष्ट्रीय सन्दर्भ प्राप्त होता, लेकिन वह हो न सका। क्योंकि स्वयं जोतिबा 'जाति' को छोड़कर 'वर्ग' के बारे में सोच नहीं सके।[4]

सामाजिक या राजनीतिक आन्दोलन के नेता सर्वसमावेशक होते हैं। उन्हें अपने सहयोगियों को तथा जनता को समझ लेना पड़ता है और उनका मन रखकर उन्हें अपने साथ लेकर चलना होता है। जोतिबा अपने सहयोगियों को अपने साथ रख न पाए। उदारतापूर्वक उनके दोषों को क्षमा न कर सके।[5]

इन सब बातों का सार इतना ही है कि महापुरुषों के पैर भी मिट्टी के ही होते हैं। लेकिन इससे अपने जीवन-भर समाज की उन्नति के लिए वे जो कार्य करते हैं, उसका महत्त्व कतई कम नहीं होता।

महाराष्ट्र का सारा समाज जीवन महात्मा जोतिबा फुले का सदा ऋणी रहेगा। क्योंकि युगों-युगों तक रुँधी हुई राहें उनके प्रयत्नों के कारण खुली थीं। जो कभी बोल नहीं सकते थे, उनकी वाणी जोतिबा के माध्यम से प्रकट हो सकी थी। वो प्रत्यक्ष 'कर्म' थे। विद्वत्ता का उनका कोई दावा नहीं था।

"महात्मा जोतिबा फुले आधुनिक महाराष्ट्र के मूलगामी समाज-परिवर्तन के आन्दोलन के उत्तम प्रवर्तक थे। हिन्दू समाज के शूद्रातिशूद्रों की व्यथा उन्होंने नि:संकोच स्पष्ट की। कर्जदारी के कारण त्रस्त किसानों की शिकायतें दुनिया के सामने रखीं।

देहातों में रहनेवाले मेहनतकश लोगों का अज्ञान और दरिद्रता ईश्वर निर्मित नहीं; उसका मूल हमारी समाज-व्यवस्था में है, यह उन्होंने ठीक-ठीक जान लिया था। इसलिए इस व्यवस्था में होनेवाली धर्माधिष्ठित बौद्धिक गुलामी, सामाजिक अन्याय और आर्थिक शोषण की ओर उन्होंने सारे समाज का ध्यान प्रथमत: आकर्षित किया। 18वीं सदी में कई ख्यातनाम समाज-सुधारक हो गए। जाम्भेकर, दादोबा पांडुरंग, राम बालकृष्ण, लोकहितवादी, भंडारकर, रानडे, विष्णु शास्त्री पंडित, आगरकर इनके नाम सर्वज्ञात हैं। इन सभी की दृष्टि उदार और व्यापक थी...फिर भी उनका कार्यक्षेत्र सीमित रहा।...उच्च वर्णियों के घरेलू सुधारों के अलावा वे अधिक कुछ कर न सके...जोतिबा के काम की दिशा इन सबसे नितान्त भिन्न थी..." प्रा. गं. बा. सरदार का यह मत जोतिबा का सही-सही मूल्यांकन करता है।

ब्राह्मण और ब्राह्मणवाद के विरोधक के रूप में कुछ काल तक महात्मा जोतिबा की तसवीर दुर्भाग्य से उभरती रही। हम यह देख सकते हैं कि वे इनमें से किसी के अन्ध विरोधक नहीं थे। आज आजादी के बयालीस वर्षों बाद भी हमारे समाज में सामन्ती व्यवस्था के बीज फूटते हैं और दलितों पर होनेवाले अत्याचारों में कोई कमी नहीं आती तो जोतिबा का महत्त्व समझ में आता है। जिस सामाजिक ऊँच-नीच की भावना को नष्ट करने के लिए जोतिबा ने इतना कड़ा संघर्ष किया वह अब भी वैसी ही बनी हुई है। समाज में जो सुधार आया है वह क्या किसी मजबूरीवश आया है? ऐसा नहीं है तो आरक्षण के खिलाफ इतना रोष क्यों उभर रहा है? दलित उत्पीड़न की घटनाएँ दिनों-दिन बढ़ कैसे रही हैं? इसी वर्ष शिवपुरी (म.प्र.) जिले के एक गाँव में सवर्णों ने सात दलित स्त्रियों को सरेआम निर्वसन कर घुमाया। हरियाणा के रिवाड़ी जिले के एक गाँव में दलितों की बारात पर कातिलाना हमला किया गया, इसलिए कि दूल्हा घोड़ी पर बैठा था। आगरा के पास के पनवाड़ी गाँव में दलितों की एक बारात को पूरी तरह तहस-नहस कर दिया क्योंकि बारात गाँव के बीच रास्ते से गुजर रही थी!! ये और इन जैसी अन्य असंख्य घटनाएँ क्या सिद्ध करती हैं? सामाजिक तथा आर्थिक रूप से दबे-कुचले वर्ग और जातियाँ आज भी वही भुगत रही हैं जो कभी 'मनुस्मृति' के कारण भुगतती थीं। अब धर्म उन पर अत्याचार करने की स्थिति में नहीं रहा, लेकिन ऊँची जातियाँ और वर्ग अब भी उन्हें बराबर दबाते चले जा रहे हैं।

सारी चातुर्वर्ण्य व्यवस्था और जन्माधिष्ठित जाति-व्यवस्था अन्याय और विषम है, ऐसा उच्च स्वर में निर्भयतापूर्वक कहनेवाले तथा उस विषमता के विरुद्ध प्रखर संघर्ष करनेवाले जोतिबा की आज भी आवश्यकता है।

डॉ. बाबा साहब अम्बेडकर ने बुद्ध और कबीर के साथ-साथ जोतिबा को भी अपना गुरु माना था। महात्मा गांधी और स्वातंत्र्य वीर सावरकर दोनों ने जोतिबा की मुक्त मन से प्रशंसा की थी।

दुनिया का सबसे बड़ा यह प्रजातंत्र सही माने में मानवीय समानता, बन्धुता और व्यक्ति की स्वतंत्रता पर अधिष्ठित हो, इसलिए जिन्होंने अपने समय में दूरदृष्टि से और हिम्मत से रचनात्मक कार्य किया उनमें जोतिबा प्रमुख थे। उन्हें 'भारतीय समाज क्रान्ति का जनक' कहना सर्वथा सार्थक है।

सन्दर्भ

1. महात्मा फुले, गौरव ग्रन्थ, पृ. 312
2. महात्मा फुले, समग्र वाङ्मय।
3. श्रीमती दुर्गा भागवत का लेख 'महात्मा फुले, एक निरीक्षण', महाराष्ट्र टाइम्स, 2 अप्रैल, 1979
4. प्रा. कुरुन्दकर का लेख
5. महात्मा फुले, गं. बा. सरदार, पृ. 73-74
   व्यक्ति आणि विचार, श्री फड़के, पृ. 41-63

जीवन पट

महात्मा जोतिबा गोविन्दराव फुले
(1827-1890)

जन्म	1827
प्राथमिक शिक्षा	1834-38
कावड़ी के झगड़े पाटील की कन्या साकिरी से विवाह	1840
मिशनरी स्कूल में माध्यमिक शिक्षा	1841-47
लहूजी उस्ताद के यहाँ तालीम पाना	1847
थॉमस पेन के ग्रन्थ 'राइट्स ऑफ मैन' का मनन-चिन्तन	1847
उच्चवर्णीय मित्र के विवाह में हुआ अपमान	1847
शूद्रातिशूद्रों की कन्याओं के लिए स्कूल शुरू करना	1847
शूद्रों को शिक्षा देने के कारण पिता द्वारा घर से निकाल देना	1849
चिपलुणकर के मकान में तथा रास्तापेठ में लड़कियों के स्कूलों की स्थापना	1841
उत्तम शिक्षाकार्य के लिए सरकारी सम्मान	1852
स्कॉटिश मिशनरियों के स्कूल में नौकरी	1854
'तृतीय रत्न' नाटक का लेखन	1855
नाइट स्कूल की स्थापना	1855
हत्यारों के द्वारा हत्या की कोशिश	1856
स्कूलों के व्यवस्थापक मंडल से निवृत्त	1858
विधवा पुनर्विवाह के लिए सहायता	1860

बालहत्या-प्रतिबन्धक-गृह की स्थापना	1863
पिता गोविन्दराव की मृत्यु	1868
अपने घर का हौज अछूतों के लिए खुला कर देना	1868
'छत्रपति शिवाजी राजा भोसला' तथा 'ब्राह्मणों का चातुर्य' का लेखन	1869
'गुलामगीरी' का लेखन	1873
सत्यशोधक समाज की स्थापना	1873
दयानन्द सरस्वती का जुलूस	1875
पूना नगरपालिका की सदस्यता	1876-82
शराब की दूकानों के नये परवाने न दिए जाएँ, इसकी कोशिश	1880
हंटर शिक्षा आयोग के सामने प्रस्तुत निवेदन	1882
'किसान का कोड़ा' का लेखन	1883
'सत्सार' (1) 'सत्सार' (2) 'इशारा' का लेखन	1885
सत्यशोधक समाजोक्त मंगलाष्टक सहित सर्व पूजा-विधि	1887
ड्यूक ऑफ कनॉट के सत्कार का प्रसंग	1888
जनता की ओर से सत्कार और 'महात्मा' पदवी का अर्पण	1888
'सार्वजनिक सत्यधर्म' का लेखन (प्रकाशन मृत्यु के उपरान्त)	1888
मृत्यु	28 नवम्बर, 1890